PEI YANG
YOU XIU HAI ZI

培养优秀孩子

周国平——著

中国盲文出版社

图书在版编目（CIP）数据

培养优秀孩子（大字版）/ 周国平 著. —北京：中国盲文出版社，2017.10
ISBN 978－7－5002－7945－7

Ⅰ.①培…　Ⅱ.①周…　Ⅲ.①随笔—作品集—中国—当代　Ⅳ.①K267.1

中国版本图书馆 CIP 数据核字（2017）第 155618 号

培养优秀孩子

著　　者：周国平
责任编辑：包国红
出版发行：中国盲文出版社
社　　址：北京市西城区太平街甲 6 号
邮政编码：100050
印　　刷：北京汇林印务有限公司
经　　销：新华书店
开　　本：710×1000　1/16
字　　数：119 千字
印　　张：13
版　　次：2017 年 10 月第 1 版　2017 年 10 月第 1 次印刷
书　　号：ISBN 978－7－5002－7945－7/I・1663
定　　价：39.00 元
编辑热线：（010）83190265
销售服务热线：（010）83190297　83190289　83190292

出版前言

人们常说，没有不爱孩子的父母，但也常常眼见不少“父母之爱”不但没能被孩子感知并接收，还在家庭中制造了藩篱和战火。孩子恼恨愤懑，感觉被困于囚笼；父母则心酸委屈，这都是出于“爱”，他怎么就不理解！“爱”没有错，但爱的方式千差万别。那些以爱的名义制造了伤害的家庭，其根源是用错了爱的方法。

爱并不复杂，真正的爱是一种建立在平等基础上的尊重、理解和呵护。本书作者周国平，不仅是家喻户晓的作家、哲学家，同时也是一位慈爱的父亲。在伴随自己孩子成长的过程中，他对父母、家长和老师怎样教育孩子有许多精辟独到的见解。他认为：人人都有慧根，孩子往往比大人更有智慧，父母要保护和发展孩子的慧根，不要轻易否定孩子，不让它枯萎；要学会欣赏孩子的聪明，和孩子平等相处，不扼制，不做愚蠢的父母；要对孩子的天性因势利导，为孩子创造良好的学习氛围，让孩子自主成才，更加优秀。希望书中一篇篇短小、隽永、充满哲思的文字，能够帮助那些用力爱着孩子的父母，让他们都能深深思考，该怎样爱孩子、该为孩子做些什么、与孩子保持怎样的关系？当这些问题有了答案，父母亲的爱才会有正确的落点。

我们期望，父母的爱能够成就孩子的优秀，所有的孩子也都能健康快乐地成长；让人间自然温煦的爱在父母和孩子之间，活泼泼地汩汩流淌。

中国盲文出版社

2017.9

Contents

目　录

第一辑

父母应该怎样爱孩子

第二辑

父母怎样对孩子的将来负责

第三辑 孩子的成长与阅读

第四辑 好老师的责任和本事

第五辑

培养孩子自我教育的能力

第六辑

开展生命教育的重要性

第七辑

人的高贵在于灵魂

第一辑

父母应该怎样爱孩子

记录孩子的成长过程

1 关注孩子成长

成长是人生最重要而奇妙的经历之一，我们在一生中有两次机会来体验这个经历，一次是为人子女，在父母抚育下长大；另一次是为人父母，抚育孩子长大。然而，我们所经历过的事情，未必就是我们所了解的。事实上，在这两种情形下，我们的处境都带有某种不可避免的盲目性。因此，孩子怎样长大——这始终是一个需要我们特别关注的题目。

2 为孩子写日记

在这方面，有一个做法值得提倡，就是从孩子出生那天起，就坚持不懈地为孩子写日记，记录孩子的成长过程。在我看来，凡是有文化的父母都应该这样做，这是他们能够为孩子、也为自己做的一件极有价值的事情。

当一个人处在成长之中时，他必然是当局者迷，无法以旁观者的角度来观察自己的成长过程。一颗种子只是凭着生命的本能发芽和生长罢了。生命在其早期阶段有很多令人惊喜的可爱的表现，可是对于这生命的主人来说，它们往往连记忆也留不下，成了一笔在岁月中永远遗失的财富。我们在孩提时代是如此，现在我们的孩子也是如此。如果你是一个珍惜自己生命经历的人，你一定会为这种缺失而遗憾。那么，既然现在你做了父母，为什么不为你的孩子来做这一件可以减轻其遗憾的事情呢？我相信，在孩子长大后，做父母的能够送给孩子的最好礼物就是一本记录其童年趣事和成长细节的日记。

3 为孩子保住生命早期的精彩纷呈

如果说，生命早期的精彩纷呈对于做父母的是宝贵财富，那么，对于孩子自己就更是如此了。但是，孩子身在其中，浑然无知，尚不懂得欣赏和收藏它们，而到了懂得的年纪，它们早已散失在时光中了。为孩子保住这一份财富，这只能是父母的责任。孩子长大后，把一份他的孩提时代的完整记录交到他的手上，他会多么欣喜啊。这是真正的无价之宝，天下父母能够给孩子的礼物，不可能比这更贵重了。

4 记录自己学习做父母的过程

当然，在做了父母以后，我们也未必是旁观者清。孩子的成长并非一个发生在父母生活之外的事件，它始终是与父母自己的生活交织在一起的。孩子长大的过程，同时也是父母抚养和教育孩子的过程，我们身在这同一个过程中，并不是超脱和清醒的旁观者。一个人即使是专门的教育家，一旦自己为人父母，抚育孩子长大仍然是一种全新的经验，必须在实践中摸索。正因为如此，记录孩子的成长对于我们自己也有了必要。当我们这样做的时候，我们同时也是在对自己抚育孩子的经验进行反省和思考，被记录下来的不仅是我们观察到的孩子学习做人的过程，也是我们自己学习做父母的过程。因此，这一份将来送给孩子的珍贵礼物同时也是对我们自己生命中一段重要历程的宝贵纪念。

5 更好地欣赏和研究成长

我承认，持之以恒地做这件事是相当困难的，因为我们不只是做父母，除了抚育孩子之外，我们还有许多别的事情要做，不得不为了生存或事业而奋斗。在日常的忙碌中，我们很容易变成粗心甚至麻木的父母。不过，在我看来，这恰好是我们应该坚持做这件事的又一个理由，它也许是防止我们变成这样的父母的一个有效方法。一旦养成了习惯，孩子的成长记录必然会促使我们的感觉更敏锐，观察更细致。通过记录成长，我们也就能更好地欣赏和研究成长。

不做愚蠢的大人

1 人生中最重要的季节

在人的一生中，童年似乎是最不起眼的。大人们都在做正经事，孩子们却只是在玩耍，在梦想，仿佛在无所事事中挥霍着宝贵的光阴。可是，这似乎最不起眼的童年其实是人生中最重要的季节。粗心的大人看不见，在每一个看似懵懂的孩子身上，都有一个灵魂在朝着某种形态生成。

2 儿时回忆伴随一生

在人的一生中，童年似乎是最短暂的。如果只看数字，孩提时期所占的比例确实比成年时期小得多。可是，这似乎短暂的童年其实是人生中最悠长的时光。我们仅在儿时体验过时光的永驻，而到了成年之后，儿时的回忆又将伴随我们的一生。

3 不要粗暴地夺走孩子的童年

对聪明的大人说的话：倘若你珍惜你的童年，你一定也要尊重你孩子的童年。当孩子无忧无虑地玩耍时，不要用你眼中的正经事去打扰他。当孩子编织美丽的梦想时，不要用你眼中的现实去纠正他。如同纪伯伦所说：孩子虽是借你而来，却不属于你；你可以给他爱，却不可给他想法，因为他有自己的想法。如果你执意把孩子引上成人的轨道，当你这样做的时候，你正是在粗暴地夺走他的童年。

4 不做愚蠢的大人

有一些人执意要把孩子引上成人的轨道，在他们眼中，孩子什么都不懂，什么都不会，一切都要大人教，而大人在孩子身上则学不到任何东西。恕我直言，在我眼中，他们是世界上最愚蠢的大人。

5 我对孩子的期望

第一个愿望：平安。如果想到包围着她的环境中充满各种不测，这个愿望几乎算得上奢侈了。

第二个愿望：身心健康地成长。

至于她将来做什么，有无成就，我不想操心也不必操心，一切顺其自然。

和孩子平等相处

1 做孩子的朋友

溺爱是动物性的爱，那是最容易的，难的是使亲子之爱获得一种精神性的品格。所谓做孩子的朋友，就是不把孩子当作宠物或工具，而是将其视为一个正在成形的独立的人格个体，不但爱他疼他，而且给予他信任和尊重。凡属孩子自己的事情，既不越俎代庖，也不横加干涉，而是怀着爱心加以关注，以平等的态度进行商量。父母与孩子之间要有朋友式的讨论和交流的氛围。正是在这种氛围里，孩子才能够逐渐养成基于爱和自信的独立精神，从而健康地成长。

2 父母应该向孩子学习

父母与孩子之间应该是一种怎样的关系？父母与孩子之间的正确关系应该是怎样的？我想首先强调一点，就是父母应该向孩子学习。有一种特别普遍的错误观念，就是认为孩子什么都不懂，一切都要向大人学，大人是孩子天然的老师，与此同时呢，又认为大人无需向孩子学任何东西。在我看来，这是极大的迷误，抱这种看法的大人是最愚蠢的大人。你这样看问题，你一定会错过许多非常宝贵的东西。

3 学习用孩子的眼光看世界

在智力方面，和孩子相比，大人占的优势是什么？是经验和知识，他比孩子有经验，他的知识比孩子多。但是，我认为，在智力的品质中，最重要的不是经验、知识，而是好奇心、感受性和想象力，而在这些方面，孩子远远优于大人。孩子不受习惯、传统观念、成见的支配，因为他头脑里还没有这些东西，他完全是用自己的真实的感官去感知世界，用好像是一片空白、其实还没有受到污染的大脑去想事情，他看世界的眼光是全新的。人长大以后，感官就不可避免地会受到磨损，头脑里也会积累起许多成见。所以，大人要善于体会孩子看世界的眼光，注意听他们说的那些话，学习用孩子的眼光看世界，这样你就能更新自己对世界的感觉，重新发现作为一个大人早已遗忘了的、靠自己也不能再发现的世界中的那些美和趣味。你就会发现世界非常美好，不像光用大人的眼光看，只看到一个功利的世界，日程排得满满的，今天干什么事，明天干什么事，都已提前安排好了，甚为无趣。其实世界本来不是这样的，用孩子的眼光看，也就是用生命本来的眼光看，就会发现世界是很美好的。

4 不要为了利益而委屈自己

不但在智力品质上，而且在心灵品质上，大人也可以从孩子身上学到许多东西。大人往往世故，功利，做事情从利益出发，相反，孩子是有真性情的，做事情都是从兴趣出发。泰戈尔有一首诗，写他看见孩子坐在泥土里玩树枝，就联想到自己整天忙于写作，用孩子的眼光看，自己是在玩多么无趣的游戏。这也是我常有的感受，虽然我喜欢写作，但许多时候已经不是真正出于兴趣，而是出于职业性习惯，有时候是应付约稿或受人之托。我深切感到，应该向孩子学习，只做自己喜欢的事，只和自己喜欢的人来往，任何时候都不要为了利益而委屈自己。

5 和孩子平等相处

和孩子之间建立正确的关系，另外一点就是要和孩子平等相处。我觉得一个人做父母做得怎样，最能表明这个人的人格、素质和教养。一个文明人最重要的品质是人的尊严，就是尊重自己，也尊重他人。对孩子也是这样，要尊重孩子。你要知道，孩子也是一个灵魂啊，就像纪伯伦说的，孩子只是借你们而来，并不属于你们。你们只是一个载体，大自然把你们用作工具把孩子生了出来，你们只是生了他的身体，灵魂不是你们生的，形象地说，是从上帝那里来的，附着在了这个身体上。随着他的生长，他就会逐渐显现出来一个独立的灵魂，一个独立的人格。所以，纪伯伦接着说，你们可以给他们爱，不可以给他们思想，因为他们有自己的思想。

6 做父母的最大成功

在我看来，做孩子的朋友，孩子也肯把你当作他的朋友，这是做父母的最高境界，也是最大的成功。朋友关系最大的特点就是平等，有事情互相商量，不是谁说了算。一个家庭里，夫妇之间、父母和孩子之间，形成这样一种平等讨论和交流的氛围，这非常重要，也非常美好，大家都心情舒畅。在这样的氛围中，孩子会养成自信、自尊、独立精神等品质，也会养成尊重和信任他人、讲道理、合作精神等品质。我在家里就是这样，凡是孩子自己的事，就和她商量，决定权在她，不过要让她知道，第一要讲道理，不能不讲道理乱来，第二要对自己的决定负责，错了就改正，不能怪别人。我还想强调一点，就是要尊重孩子的隐私，比如说她写日记，她不想让你看，你就不要看，包括不能偷看。尤其孩子大了，慢慢地会有自己的一些小秘密，那是她心灵生长的空间，你不可擅自闯入。许多家长有偷看孩子日记的恶习，自以为是在关心孩子，实际上是极不礼貌、极不尊重孩子的行为，往往给孩子的心灵带来创伤，孩子会因此而不信任你、防备你，甚至恨你。

7 做父母的最大失败

做父母的最大成功是成为孩子的朋友，最大失败是什么呢？我认为不是成为孩子的对手和敌人，而是被孩子视为上司或奴仆。成为孩子的对手和敌人，互相之间有一种紧张的关系，这当然也不好，但是，有时候这会产生某种好的结果，就是刺激孩子的独立成长。相反，被孩子看作上司或奴仆，这种状态有百害而无一利。可是，在中国的家庭里，这种状态偏偏是最常见的。许多家长实际上既是孩子的上司，又是孩子的奴仆，是这种最可悲的双重身份。他们一方面溺爱孩子，把孩子当宠物，甘于为孩子当牛做马。另一方面又对孩子寄予厚望，已经不是望子成龙了，是逼子成龙，逼着孩子上这个班那个班，逼着孩子拿好成绩考好学校。当然，造成这种情况，现在的教育体制要负重要责任，但是正是通过这些糊涂家长，他们的子女才成了今天教育体制最严重的受害者。溺爱是一种动物性的爱，那是最容易的，难的是赋予亲子之爱以精神性的品格。溺爱的结果是使孩子失去能力，对孩子寄予功利性厚望的结果是给孩子造成巨大压力，两者合起来，“宠物”就变成了外强中干的小皇帝。

8 愿孩子成为一个善良、丰富、高贵的人

做人和教人在根本上是一致的。我在人生中最看重的东西，也就是我在教育上最想让孩子得到的东西。进一个名牌学校，谋一个赚钱职业，这种东西怎么有资格成为人生的目标？所以也不能成为教育的目标。我的期望比这高得多，就是愿孩子成为一个善良、丰富、高贵的人。

父母应该怎样爱孩子

1 爱孩子与害孩子

做父母的很少有不爱孩子的，但是，怎样才是真爱孩子，却大可商榷。现在对孩子的普遍方式是，物质上无微不至，功课上步步紧逼，精神上麻木不仁。在我看来，这样做不但不是在爱孩子，反而是在害孩子。

2 让孩子有一个幸福的童年

真爱孩子的人，一定会努力让孩子有一个幸福的童年，以此为孩子一生的幸福奠定基础。具体怎么做，我说一说我的经验供大家参考。有三点，其一，舍得花时间和孩子做游戏、闲谈、共度时光，让孩子经常享受到活生生的亲情。其二，尽力抵制应试教育体制的危害，保护孩子天性和智力的健康成长。其三，注意培育孩子的人生智慧和独立精神，不是给孩子准备好一个现成的未来，而是使孩子将来能自己去争取幸福。

3 给孩子健康生长的小环境

我肯定不是什么教子专家，只不过是一个爱孩子的父亲而已。既然爱，就要做到两点，一是让孩子现在快乐，二是让孩子未来幸福。在今天，做到这两点的关键是抵御现行教育体制的弊端，给孩子提供一个得以尽可能健康生长的小环境。

4 尊重孩子

和孩子相处，最重要的原则是尊重孩子，从根本上说，这就是要把孩子看作一个灵魂，亦即一个有自己独立的人格的个体。而且，在孩子很幼小的时候就应该这样，我们无法划出一个界限，说一个人的人格是从几岁开始形成的，实际上这个过程伴随着心智的觉醒早就开始了，在一两岁时就已初露端倪。

爱孩子是一种本能，尊重孩子是一种教养，而如果没有教养，爱就失去了风格，仅仅停留在动物性的水准上。

5 爱不会把孩子宠坏

任何一个孩子都绝不会因为被爱得太多而变坏。相反，得到的爱越多，就一定会变得越好。当然，我说的“爱”似乎需要做界定。比如要有长远的眼光和正确的方法之类。但是，不管怎么界定，基本的内涵不容怀疑，就是一种倾注全部感情的关心、爱护、鼓励、欣赏、理解和尊重。只要是这样，就怎么爱也不过分，怎么爱也不会把孩子宠坏。

没有孩子的时候，生活多么艰苦，都可以忍。有了孩子，就不一样了，做父母的总想为孩子争取好一些的生活条件。一个人无论怎么清高，在这一点上都不能免俗，我认为也是最可理解的。

6 “乖”应包括善良、聪慧、节制

中国人总是教育孩子做“乖”孩子，称赞孩子时也多用这个“乖”字。“乖”有两个含义，其一是乖顺，就是温良、听话，其二是乖巧，就是伶俐、机敏，把这两个含义统一起来就比较全面了。不过，这两个含义也可以从坏的方面理解，比如乖顺是循规蹈矩，乖巧是察言观色，二者的结合就令人讨厌了。

仔细分析起来，孩子真正可爱的和值得鼓励的“乖”，其实包含了三个因素。一是通情，就是善解人意，关心和体察他人的感受，这是同情心，是善良。二是达理，就是讲道理，懂道理，这是理解力，是智慧。三是在通情达理的基础上，能够克制自己不合理的欲求，这是自制力，是节制。所以“乖”应该是善良、聪慧、节制这三种积极品质的综合表现。倘若抽取这些品质，只要求孩子盲目地听话，训练出来的就不是通情达理的乖孩子，而是逆来顺受的呆孩子，甚至是阳奉阴违的坏孩子了。

7 亲子之爱是爱的课堂

亲子之爱是爱的课堂，不但对孩子是如此，对父母也是如此。

黑格尔说：“通过对孩子的爱，母亲爱她的丈夫，父亲爱他的妻子，双方都在孩子身上使各自的爱得以客观化。”泰戈尔也说：“我的孩子，让他们爱你，因此他们能够相爱。”

孩子不只是夫妻的肉体之爱的产物，更是彼此的心灵之爱的载体，通过爱孩子，这种爱才不是飘在空中，而是落在了地上，获得了稳固的基础。请注意，这两位贤哲都认为，对孩子的爱是实现男女之间超越于肉体的爱的前提和必由之路。我对此也深信不疑，一个重要的理由是，正是通过爱孩子，我们才领悟到了爱的无私之本质，从而真正学会了爱。

8 不做无趣的父母

做孩子的朋友不易，让孩子也肯把自己当朋友更难。多少孩子有了心事，首先要瞒的人是父母，有了知心话，最不想说的也是父母。

有一些父母，自己十分无趣，看见孩子调皮就加以责罚，听见孩子的有趣话语也无动于衷，我真为他们的孩子感到冤枉。在干旱的沙漠里，孩子的智性花朵过早地枯萎了。在沉寂的闷屋中，孩子的灵性笑声过早地喑哑了，如果一个孩子天赋正常却不懂幽默，责任一定在大人。

9 不在孩子身上施展自己的宏图

现在有一些父亲或母亲以自己的孩子为题材写书，写的是他们很特别的育儿经历。他们有宏大的目标和周密的计划，从零岁开始，一步一步，把自己的孩子培育成天才，终于送到了哈佛或牛津。在我为女儿写的书里，没有一丁点儿这样的东西。事实上，我也不是这种目光远大、心思缜密的家长，而只是一个普通的父亲罢了。对于我的女儿，我只希望她健康、快乐地生长，丝毫不想在她身上施展我的宏图。

10 对孩子的未来，只做抽象的定向

对于孩子的未来，我从不做具体的规划，只做抽象的定向，就是要让他成为一个心身健康、心智优秀的人。给孩子规定或者哪怕只是暗示将来具体的职业路径，都是一种误导。我只关心一件事，就是让孩子有一个幸福的童年，能够快乐、健康、自由地生长。只要做到了这一点，他将来做什么，到时候他自己会作出最好的决定，比我们现在能做得好一百倍。

11 愿人生的幸福永远简单

许多父母盼望孩子快快长大，我相反，多么愿意孩子

的童年时光能留得久一些，再久一些。我留恋这样的一种天然的可爱，这样的一种纯粹的亲情，这样的一种简单的幸福。在时间的汹涌波涛上，我留恋一滴晶莹的水珠。

然而，一切皆逝，无物长存，我应该和能够做到的是，在另一种形式中守护这些珍贵的价值。我不是指写作，写作是容易的，难的是生活本身。我愿意孩子在因阅历和教养而成熟以后依然天真。我愿我们的亲情历尽岁月的磨难始终纯粹。我愿人生的幸福不受世俗的腐蚀永远简单。

孩子的聪明需要大人来欣赏

1 孩子的聪明需要大人来欣赏

我认为最好听的声音就是“孩子的声音”。有人问我，说周老师你有很多的身份：学者、哲学家、作家，你最喜欢哪个身份？我说，我最在乎的就是“爸爸”这个身份。

其实，我并不是说孩子什么都不懂，什么都要让你去教。父母的态度就是要去欣赏。事实上，孩子是很聪明的，但是孩子的聪明需要大人来欣赏。

2 父母要做个“有心人”

做父母，最重要的是要做个有心人，你只要注意观察，孩子就一定会有各种奇妙的表现。你要鼓励他，让他提出问题，你去跟他讨论，然后他就能在这样的过程中，慢慢感受到爱思考、爱提问题的好处。你作为一个有心人去帮他，再用自然力促进他智力的生长，孩子的学习效果就要好得多。有些家长将自己的想法强加于孩子，力图让孩子快速成长，结果肯定是南辕北辙。

父母首先要爱孩子，爱就是要有行动，这个行动就是花时间陪他，陪伴他度过欢乐的时光。和父母在一起的时光，其实是给他们人生打底色的过程。如果孩子的童年时代，家庭充满了欢乐和爱，他的人生底色必然是温暖而光明的。我相信，这样的孩子，将来一定会拥有美好的心灵。

其次是要尊重孩子。我总是有这个感觉，孩子投胎到你家里来了，这是你的荣幸，但是他不属于你，他是一个独立的生命。随着孩子慢慢长大，这一点就会越来越明显了。他一定不会按照你定的道路去走，他有自己的人生轨道，从这一点来说，你不能支配他的灵魂。既然都是独立的灵魂，当孩子得到了尊重，他的自信，他独特的人生领悟，就会得到增进和成长。父母跟孩子之间最好的关系是什么呢？就是彼此成为朋友。平等的灵魂之间才会有友谊，自己把孩子当成了朋友，而且孩子又把你当成他的好朋友，能够做到这一点，就是最好的。很多孩子有了心事，偏偏不愿意跟父母讲，这是很可悲的。所以我在这个方面，始终把孩子当成我的朋友，但是孩子能不能把我当成朋友，还不知道。

3 幸福就是做有灵魂的生命

幸福很简单，我认为一个人的生命和灵魂都很好，那就幸福了。生命应该是简单的，灵魂应该是丰富的。真正的幸福就是来自于生命本身的满足和灵魂的满足。

我个人的幸福要归结为两点，一个是做自己喜欢做的事，另外一个就是能养活自己，此外，能和自己喜欢的人在一起，并且让他们也感到快乐，这样就更好了。

做好家庭教育是功德无量的事，因为目前，中国一部分家庭的教育问题太大。家庭教育需要有好的理念，重视素质教育，通过家庭教育让家长和孩子幸福起来，就是我们的追求和目标。

孩子往往比大人更有智慧

1 孩子往往比大人更有智慧

我们可以从书本和课堂上学到知识，可是，无论谁都无法向我们传授智慧。智慧是一种整体的东西，不可能把它分解成若干定理，一条一条地讲解和掌握。不过，智慧也不是高不可攀的东西，人人都有慧根，我们所要做的只是保护和发展它，不让它枯萎罢了。

说起来你们也许不信，一般来说，孩子往往比大人更有智慧。真的，孩子都有些苏格拉底式的气质呢，他们感觉到自己处在一个新鲜的未知的世界之中，因而对一切都充满着好奇，从来不强不知以为知。可惜的是，孩子时期的这种天然的慧心是很容易丧失的。待到长大了，有了一技之长，掌握了某一方面的知识，人就容易被成见所囿并且自以为是，仿佛世界上再也没有新鲜事了。实际上，许多大人只是麻木得不再能够感受世界的新奇而已。

有时候，我们也将从整体上洞察和把握事物真相的直觉看作智慧的一种表现。在这方面，孩子同样比大人占优势。我想起大家都知道的安徒生写的皇帝的新衣的故事。两个骗子给皇帝做新衣，他们说，这件衣服是用最美丽的布料做的，不过只有聪明人能看见，愚蠢的人却看不见。事实上，他们什么布料也没用，只是假装在缝制。皇帝穿着这件所谓的新衣游行，其实他光着身子，什么都没有穿。然而，皇帝本人，前呼后拥的大臣们，围观的老百姓，因为害怕别人说自己愚蠢，都使劲地赞美这件新衣多么美丽。最后，有一个人喊了起来："可是他什么也没有穿呀！"谁喊的？正是孩子。所有的大人明明看见皇帝光着身子，但他们都这么想：第一，既然别人都在赞美这件新衣，就说明皇帝确实穿着一件美丽的新衣，只是我看不见罢了。第二，我看不见说明我比别人愚蠢，千万不可以让别人知道了笑话我，我一定要跟着别人一起赞美。他们都宁肯相信多数人的意见，也不愿相信自己亲眼所见的事实。孩子却不同，他没有虚荣心的顾忌，也不盲从别人的意见，一眼就看到了真相。

2 儿童的可贵在于单纯

儿童的可贵在于单纯，因为单纯而不以无知为耻，因为单纯而又无所忌讳，这两点正是智慧的重要特征。相反，偏见和利欲是智慧的大敌。偏见使人满足于一知半解，在自满自足中过日子，看不到自己的无知。利欲使人顾虑重重，盲从社会上流行的意见，看不到事物的真相。这正是许多大人的可悲之处。不过，一个人如果能保持住一颗童心，同时善于思考，就能避免这种可悲的结局，在成长过程中把单纯的慧心发展为成熟的智慧。由此可见，智慧与童心有着密切的联系，它实际上是一颗达于成熟因而不会轻易失去的童心。《圣经》里说："你们如果不回转，变成小孩的样子，就一定不得进入天国。"帕斯卡尔说："智慧把我们带回到童年。"孟子也说："大人先生者不失赤子之心。"说的都是这个意思。那么，我衷心祝愿孩子们在逐渐成熟的同时不要失去童心，从而能够以更有智慧的方式度过变幻莫测的人生。

哲学帮助孩子成为优秀的人

1 孩子都是自发的哲学家

在一定的意义上，孩子都是自发的哲学家。他们当然并不知道什么是哲学，但是，活跃在他们小脑瓜儿里的许多问题都是真正具有哲学性质的。

我相信，就平均水平而言，孩子们对哲学问题的兴趣要远远超过大多数成人。这一方面是因为，从幼儿期到青春期，正是一个人的理性开始觉醒并逐渐走向成熟的时期，好奇心最强烈，求知欲最旺盛。另一方面，展现在他们眼前的是一个全新的世界，在这个阶段内，生命的生长本身就不断带来对人生的新的发现，看世界的新的角度，使他们迷乱和兴奋，也使他们困惑和思考。哲学原是对世界和人生的真相之探究，童年和青少年时期恰是发生这种探究的最佳机会。

2 孩子们的哲学兴趣过早遭到扼杀

然而，在多数人身上，随着年龄和阅历增长，曾经有过的那种自发的哲学兴趣似乎完全消失了，岁月把一个个小哲学家改造成了大俗人。之所以发生这种情况，孩子周围的大人包括家长和老师要负相当多的责任。

据我所见，对于孩子提出的哲学问题，大人们普遍以三种方式处理，一是无动于衷，认为不值得理睬；二是粗暴地顶回去，教训孩子不要瞎想；三是自以为是，用一个简单的答案打发孩子。在大人们心目中，对世界和人生的思考太玄虚，太无用，功课、考试、将来的好职业才是正经事。在这种急功近利的氛围中，孩子们的哲学兴趣不但得不到鼓励，而且往往过早地遭到了扼杀。

3 哲学帮助孩子成为优秀的人

哲学到底有用还是无用？要回答这个问题，关键是如何看待所谓有用。如果你只认为应试、谋职、赚钱是有用，那么，哲学的确没有什么用。可是，如果你希望孩子成为一个真正优秀的人，那么，哲学恰恰是最有用的。人类历史上的一切优秀者，不管是哪一个领域的，必是对世界和人生有自己广阔的思考和独特的理解的人。一个人只有小聪明而没有大智慧，却做成了大事业，这样的例子古今中外都不曾有过呢。

4 和孩子一起思考和讨论

所以，如果你真正爱孩子，关心他们的前途，就应该把你自己的眼光放得远一点。不要挫伤孩子自发的哲学兴趣，而要对其进行保护和鼓励，而最好的鼓励办法就是和他们一起思考和讨论。事实上，任何一个真正的哲学问题都不可能有所谓标准答案，可贵的是发问和探究的过程本身，它使我们对那些根本问题的思考始终处于活泼的状态中。

在这方面，我们亟需有水平的启蒙读物。好的启蒙书其实不但适合于孩子阅读，也适合于家长和孩子、老师和学生一同阅读。在相当程度上，大人也需要受启蒙，否则就当不好家长和老师。难道不是吗？

第二辑

父母怎样对孩子的将来负责

如何教育孩子

在教育学上，对于儿童教育，历来有两种对立的观点。一种是把孩子看作尚未长大的成人，儿童教育的全部目标是为将来做准备，让孩子掌握知识，将来可以谋一个好职业，让孩子学习规范，将来能够适应社会。另一种观点认为孩子就是孩子，儿童期本身具有价值，教育的目标是实现这种价值，使孩子有一个幸福的童年，能够身心健康地生长，以此为一生的幸福和发展打下良好的基础。这两种观点都承认儿童期对于人的一生是很重要的，分歧在于前一种观点只用单一的社会尺度衡量教育，后一种更重视人生尺度，着眼于整个人生包括儿童期本身的幸福和生活意义。我本人认为，后一种观点是对的，有利于孩子人格的健全生长，而事实上，即使用社会尺度衡量教育，人格健全的人也一定能更好地适应社会，做出成就。

遗憾的是，我们现在对孩子的教育完全受前一种观点的支配，从学校到家长基本都是如此，当然，原因在于现行教育体制的急功近利特征和应试机制。由此造成中国孩子的三大问题，第一是不幸福，第二是智力朝实用方向片面发展，智力的根本要素比如好奇心、创造力等受压抑，第三是缺乏独立性。

先说第一点。幸福本来应该是教育是否成功的第一标准，快乐的孩子自信，对生活有信心，人格健全，这些品质是一生幸福的基础。相反，如果在儿童期不幸福，后患无穷，一生的幸福都会发生问题。可是，看看现在的孩子们，他们从小就在为将来的高考做准备，背着沉重的书包，每天要做大量作业，还要上各种班，完全没有玩的时间。现在很多人问，是谁夺走了孩子们的幸福，我看答案很清楚，就是这个教育体制。不过，我认为在这个教育体制下，做家长的未必是无能为力的，关键是你要有清醒的认识，不说与这个体制抗争吧，你至少可以尽量保护你的孩子，减少这个体制对你的孩子的危害。同一个体制，不同的家长，孩子的命运有很大的差异。反正我不让孩子上这个班那个班，并且引导她不把考试成绩看得太重要，始终把她的愉快放在第一位。我经常和她一起玩，我相信好的父母一定是孩子的好玩伴。对于孩子的将来，要有平常心，身心健康和平安是最重要的，至于将来做什么，有没有成就，完全不必操心，一切顺其自然。

其次，在智力发展上，智力的根本要素不是知识、技能，而是心智的活泼和敏锐，表现为好奇心、求知欲、兴趣等等，这些品质是主动学习的强大动力，使学习成为最大的快乐。其实，这些品质是天生的，每个孩子都有这些天赋，重要的是做老师和家长的要善于发现、鼓励、引导，为它们的生长提供良好环境，至少不要损害、扼杀它们。学习是一个主动行为，许多东西不是教出来的，是自己学会的，教育不是把知识灌输进一个空容器，而是既有禀赋的生长。可是，我们的教育往往与此背道而驰，把最不重要的事，就是知识的灌输看得无比重要，对最重要的事，就是保护好奇心和求知欲则完全不放在眼里，更不放在心上，这是非常可悲的。

最后，中国的孩子大约是世界上最没有独立性的孩子，大小事都依赖父母。当然，这肯定不是天生如此，而完全是教育的结果。中国的父母往往恨不能把孩子的一生都安排好，不管有没有条件，都要让他们受最好的教育，过最好的生活。所谓“最好”，无非是上名校啊，送出国啊，可是一出国就露馅，完全不能独立生活。这种做法貌似深谋远虑，实则目光极其短浅。我认为，最好的教育应该是正确的教育，就是使孩子具备真实的能力和健康的生活态度，将来既能够自己去争取幸福，又能够承受人生必然会有的磨难和痛苦，这样做才是真正深谋远虑，才是真正爱孩子，才是对他的一生负责。

使孩子在心智上真正优秀

1 使孩子在心智上真正优秀

现在做父母的似乎都有一个雄心，要亲手安排好孩子的整个未来，从入学、升学到工作、出国，从买房、买车到结婚、生子，皆未雨绸缪，为之预筹资金，乃至亲自上阵拼搏，觉得这样才是尽了责任。我想提醒你们的是：孩子的未来岂是你们决定得了的？他的未来，一半掌握在上帝手里，即他的外在遭遇，另一半掌握在他自己手里，即他应对外在遭遇的心态和能力。对于前一半，你们完全无能为力，只能为他祈祷。对于后一半，你们倒是可以起很大作用的，就是给他以正确的教育，使他在心智上真正优秀，从而既能自己去争取幸福，又能承受人生必有的苦难。倘若你们不在这方面下功夫，结果培养出了一个心智上的弱者，则我可断定，有朝一日你们必定会发现，你们现在为他的苦心经营全都是白费力气。

2 人生态度决定教育方式

从一个人教育孩子的方式，最能看出这个人自己的人生态度。那种逼迫孩子参加各种竞争的家长，自己在生活中往往也急功近利。相反，一个淡泊于名利的人，必定也愿意孩子顺应天性愉快地成长。

我由此获得了一个依据，去分析貌似违背这个规律的现象。譬如说，我基本可以断定，一个自己无为却逼迫孩子大有作为的人，他的无为其实是无能和不得志；一个自己拼命奋斗却让孩子自由生长的人，他的拼命多少是出于无奈。这两种人都想在孩子身上实现自己的未遂愿望，但愿望的性质恰好相反。

3 只学一些技能不会有大出息

今日的家长们似乎都深谋远虑，在孩子很小时就为他将来有一个好职业而奋斗了，为此拼命让孩子进重点学校和上各种课外班。从孩子这方面来说，便是从幼儿园开始就投入了可怕的竞争，从小学到大学一路走过去，为了拿到那张最后的文凭，不知要经受多少作业和考试的折磨。有道是：不能让我们的孩子输在起跑线上。可是，在我看来，这种教育方式恰好一开始就是输局了。身心不能自由健康地发展，只学得一些技能，将来怎么会有大出息呢？

一个人从童年、少年到青年，原是人生最美好也最重要的阶段，有其自身不可取代的价值，现在这个价值被完全抹杀了，其全部价值被归结为只是为将来谋职做准备。多么宝贵的童年和青春，竟为了如此渺小的一个目标做了牺牲。

4 现行教育体制恶果无穷

现行教育的尺度极其狭隘，无非是应试、升学、就业，其恶果是把孩子们培养成片面的人、功利的人，既不优秀，也不幸福，丧失了人生最重要的价值。

今天的普遍情形是，成人世界把自己渺小的功利目标强加给孩子，驱赶他们到功利战场上拼搏。我担心，在他们未来的人生中，在若干年后的社会上，童年价值被野蛮剥夺的恶果不知将会以怎样可怕的方式显现出来。

最令人担忧的是今天教育的久远后果，一代代新人经由这种教育走上了社会，他们的精神素质将决定未来中国数十年乃至上百年的精神水准和社会面貌。

好的素质是熏陶出来的

1 熏陶是不教之教

让孩子真正喜欢上智力生活，乐在其中，欲罢不能，对学习充满兴趣，是智育的最大成功。在这方面，父母的榜样能产生显著的作用。

我深信，熏陶是不教之教，是最有效也最省力的教育，好的素质是熏陶出来的。当然，所谓熏陶是广义的，并不限于家庭的影响。事实上，养成了阅读的习惯，也就开辟了熏陶的新来源，能够从好书中受到熏陶，这是良性循环，就像那些音乐家的孩子，在受到父母的熏陶之后，又从音乐中受到了进一步的熏陶一样。

因此，做父母意味着人生向你提出了一个要求：必须提高你自己的素质。

2 音体美是全面发展的基本素质

音乐、绘画、体育这些才能，从一个方面来看，是特殊的天赋，只有少数人适合以之为专业，从另一个方面来看，又是全面发展的人的基本素质，每一个人都可以以之为自己的爱好。把所谓特长的考核纳入应试教育体制，其结果一方面是使艺术教育、体育的性质发生了扭曲，把它们由人的天性自由发展的形式蜕变成了应试的工具，另一方面则在原已过于沉重的功课之外又给孩子们增添了新的负担。

3 兴趣为王，快乐生长

幼儿都会表现出艺术上的某种兴趣和能力，比如绘画、音乐、舞蹈等，但这并不意味着人人长大了都要成为艺术家，都能成为艺术家。做艺术家必须有天赋，而单凭幼儿期的兴趣是不能断定有天赋的。幼儿期艺术活动的真正价值在于，它是心智发育的一个重要方面，能使幼儿的感受力、想象力、表现力、创造力得到良好生长。这本身就是重大收获，不管孩子将来从事什么职业，这个收获都会在他的工作和生活中体现出来。

所以，对于孩子在艺术方面表现出来的兴趣，我都给予热情的鼓励，至于将来的发展会如何，则完全不予考虑。我的原则是：兴趣为王，快乐生长。孩子喜欢就行，高兴就行，一切顺其自然。

在我看来，长期强迫孩子学习一门艺术，是完全违背艺术的本性的。这样做往往是出于强烈的功利目的，最后即使培养出了一个艺术上的能工巧匠，付出的惨痛代价却是不可治愈的心灵创伤和人性扭曲。

父母怎样对孩子的将来负责

1 家庭环境对孩子成长的影响

家庭环境对孩子成长有巨大影响，在我看来，最重要的影响有二。其一，如果父母相爱，家庭和睦，孩子在爱和快乐的氛围里度过童年，他的人生就有温暖明亮的底色，可保心理健康，情商良好。其二，如果父母自身素质比较高，给孩子以心智上的熏陶，同时有一个相对自由宽松的童年，可保人格健康，心智发育良好。

2 父母怎样对孩子的将来负责

做父母的当然要对孩子的将来负责，但只能负起作为凡人的责任，其中最重要的，就是悉心培养正确的人生观和乐观坚毅的性格，使他具备依靠自己争取幸福和承受苦难的能力，不管将来的命运如何，都能以适当的态度面对。至于孩子将来的命运究竟如何，可能遭遇什么，做父母的既然无法把握，就只好不去管它，因为那是上帝的权能。

一个孩子如果他现在的状态对头，就没有必要为他的将来瞎操心了。如果不对头，操心也没用。而且，往往正是由于为他的将来操心得太多、太细、太具体，他现在的状态就不对头了。

3 家长怎样对待应试教育

我认为，在现行应试教育体制下，好的家庭教育对于学校教育应该起到两个作用。一是给素质教育加分，以弥补学校里素质教育的缺失。这当然要求家长自身具备较高的素质，从而能够在课外阅读、兴趣培养、艺术熏陶等方面给孩子以影响和指导。二是给应试教育减负，以保护孩子的身心健康。孩子已经承受了巨大的功课压力，家长至少不应该再加压，在课外给孩子加上各种培训班、补课班的重负。家长自己能以平常心看待孩子的应试成绩，也会使孩子在心理上轻松不少。相反，家长的紧张心理和苛责行为往往是笼罩在孩子心灵上的最浓重的阴影，是导致孩子痛苦乃至崩溃的直接原因。

4 素质教育，输了无非就是一次撤退

把赌注押在应试教育上，输了全盘皆输，赢了也不过是升学占了便宜。如果押在素质教育上，输了无非就是一次撤退。我的女儿从小到大没有上过一个课外班，但是她英语很好，中考的时候，她要考十一学校，她说如果我考到普通中学，我也能考到一个好学校，但是我不愿意再过那样的生活，我不愿意把时间花在应试上。人生的路长着呢，我相信素质好的孩子，最后也一定是真正有所成的人。

孩子有不同的天赋，你一定要去了解，去研究他的天赋，去适应他的发展。比方说我的儿子虽然语文不算太好，但是我发现他的数学不错，因为他特别喜欢动手做数学题，我觉得这样就可以了，有一样优秀就不错了。

5 怎样教孩子处世做人

孩子幼小时，一直生活在父母羽翼的庇护之下，自由自在，无忧无虑。上小学后，情况大变，一下子进入了某种带有强制性的秩序之中，以及某种相对陌生的人际关系之中。他会遭遇许多矛盾，他的极其有限的经验完全不足以对付，因而疑惑丛生。事实上，他已经开始面对如何处

世做人这个大问题了。细究起来，最基本的矛盾是个人自由和社会规则之间的矛盾，而这正是贯穿人类社会经济、政治、法律、道德领域的核心问题。在这个问题上，最困难的是如何把握好二者的度，各个学派对此亦是众说纷纭。对于个人来说，个性与社会性的冲突也是贯穿终生的，而儿童时期是其肇始，打下一个正确解决的基础是特别重要的。怎样让孩子既能自由成长，又能适应社会，这同样是令父母们苦恼的问题。我想强调的是，父母在引导孩子思考这类问题时，也要把握好度，不可把孩子教育成小绵羊，盲目服从社会的成规。正确的目标是，让孩子既能明白公共生活的若干基本准则，培养自制、友爱、仁慈等美德，又能学会分析复杂的社会现象，坚持独立思考，培养自信、勇敢、正义等美德。

6 渐行渐远

女儿上高中，住校了，家里冷清了不少。想起我也是高中住校，大学异地，离父母渐行渐远，越来越自己走人生之路了。那么，现在让我接受同样的事实吧。孩子只是暂时寄养在父母这里的，送行的一天必将到来，你会惦念，但不能同行。孩子必将自己走人生之路，你可祝福，但无法支配。

7 做好监护人即可安心

做父母的要明白，无论多么心肝宝贝，孩子也只是暂时寄养在你们这里的，你们只能做孩子的暂时监护人。不只是指孩子迟早会长大，独立地走自己的人生之路，送行的一天必将到来，你们再舍不得也不可能与之同行。我的意思比这深刻得多。父母所生的只是孩子的身体，而非灵魂，我相信灵魂必定另有来源，而这来源决定了它在人世间的走向。由此可以解释，不管父母多么精心地设计和运作，孩子的未来并不听从你们的安排，往往还使你们大吃一惊。所以，父母的职责是做好监护人，给孩子身心成长一个好的环境，做到了这一点即可安心。至于孩子将来终于走了一条怎样的路，那不是你们能支配的，荣耀不是你们的功劳，黯淡不是你们的过错。

培养孩子的独立人格

1 缺少信任和智慧的眼神

街道上站着许多人，一律沉默，面孔和视线朝着同一个方向，仿佛有所期待。我也朝那个方向看去，发现那是一所小学的校门。那么，这些肃立的人们是孩子们的家长了，临近放学的时刻，他们在等待自己的孩子从那个校门口出现，以便亲自领回家。

游泳池的栅栏外也站着许多人，他们透过栅栏朝里面凝望。游泳池里，一群孩子正在教练的指导下学游泳。不时可以听见某个家长从栅栏外朝着自己的孩子呼叫，给予一句鼓励或者一句警告。游泳课持续了一个小时，其间每个家长的视线始终执着地从众儿童中辨别着自己的孩子的身影。

我不忍心看中国父母们的眼神，那里面饱含着关切和担忧，但缺少信任和智慧，是一种既复杂又空洞的眼神。这样的眼神仿佛恨不能长出两把铁钳，把孩子牢牢夹住。我不禁想，中国的孩子要养成独立的人格，必须克服多么大的阻力啊。

2 要重视培养孩子的独立精神

父母的眼神对于孩子的成长有着不可低估的影响。打个不太确切的比方，即使是小动物，生长在昏暗的灯光下抑或在明朗的阳光下，也会造就成截然不同的品性。对于孩子来说，父母的眼神正是最经常笼罩他们的一种光线，他们往往是借之感受世界的明暗和自己生命的强弱的。看到欧美儿童身上的那一股小大人气概，每每忍俊不禁，觉得非常可爱。相比之下，中国的孩子便仿佛总也长不大，不论大小事都依赖父母，不肯自己动脑动手，不敢自己做主。当然，并非中国孩子的天性如此，这完全是后天教育的结果。我在欧洲时看到，那里的许多父母在爱孩子上绝不逊于我们，但他们同时又都极重视培养孩子的独立生活能力，简直视为子女教育的第一义。在他们看来，真爱孩子就应当从长计议，使孩子离得开父母，离了父母仍有能力生活得好，这乃是常识。遗憾的是，对于中国的大多数父母来说，这个不言而喻的道理尚有待启蒙。

我知道也许不该苛责中国的父母们，他们的眼神之所以常含不安，很大程度上是因为看到了在我们的周围环境中有太多不安全的因素，诸如交通秩序混乱、公共设施质量低劣、针对儿童的犯罪猖獗等等，皆使孩子的幼小生命面临威胁。给孩子们提供一个相对安全的生存环境，这的确已是全社会的一项刻不容缓的责任。但是，换一个角度看，正因为上述现象的存在，有眼光的父母在对自己孩子的安全保持必要的谨慎之同时，就更应该特别注意培养他们的独立精神和刚毅性格，使他们将来有能力面对严峻环境的挑战。

真正优秀比分数更重要

1 戴着镣铐争取把舞跳到最好

女儿啾啾上小学后，作为家长，我面临一个难题，就是在现行教育体制的框架内，如何尽量减少其弊端之害，保护她的健康生长。有的家长采取决绝的态度，把孩子留在家里，自己教孩子，我认为这种方式弊大于利，使孩子既失去了与同龄人交往的机会，又不能受系统的基础教育，而这两点对于孩子的心智生长是非常重要的，所以从未予以考虑。但是，我也不会像许多家长那样，让自己和孩子完全被这个体制牵着走。有限度地顺应这个应试教育的体制，同时在其中最大限度地坚持素质教育的方向，戴着镣铐争取把舞跳到最好，也许是无奈中的最佳选择。

2 注重智力素质的培养

根据我的体会，只要真正注重素质的培养，孩子有了好的智力素质，应试会是相当轻松的事。智力是一种综合素质，其效果也一定会体现在需要运用智力的一切事情上，包括功课和考试。所以，以素质的优秀为目标，把应试的成功当作副产品，是最合理的定位。啾啾做功课一直比较省力，考试成绩在班上也始终名列前茅，无疑是得益于综合素质。比如语文，她的成绩总是前一二名，这当然和她喜欢读书直接有关。

3 不上任何课外补习班

我坚持一个原则：不给啾啾报任何课外补习班、辅导班、特长班、提高班。现在她小学六年级了，六年里，她真的是一个这样的班也没有上过。这在她的班上是绝无仅有的，一个孩子在周末上好几个班是普遍现象。有一回，班上推荐若干同学上区里的奥数班，她被选上了，回家来征求我的意见。我举出她班上一个一直在上奥数的同学，问她，和这个同学比，两人谁的数学成绩好。她说是她，我说这不就行了，事情就这样决定了，而她也很高兴。她妈妈曾经表现出一点儿动摇，觉得人家都上，唯独我们不上，好像不放心，我一个责备的眼色，她就不再提了。

我之所以如此坚决，理由有三。其一，孩子的课余时间已经非常有限，绝不能再给她增加负担，我要捍卫她的休息、玩耍和课外阅读的时间，这也就是捍卫她的健康、快乐和真正的优秀。其二，我看透了这类班，料定它们没有多大价值，即使在应试上也基本如此，在多数情况下，只是把课内的教学内容提前讲授，反而打乱了知识的内在秩序，不利于理解和吸收。其三，我甚至对这类班深恶痛绝，因为我清楚，它们是当今寄生在应试教育上的整个产业链的重要一环，对于加剧教育不公平和教育腐败起着恶劣的作用。当然，我说的是总体情况，不排除有例外，但是，多么幸运的例外也改变不了总体情况的可悲。

4 给孩子以必要的辅导

不让孩子上课外班，并不等于对孩子的学业放任不管。在力所能及的情况下，家长还是应该给孩子以必要的辅导。至少孩子上小学时，多数家长是有这个能力的。

我是在她上三年级时才开始做一点辅导的。起因很偶然，三年级上学期，我们全家去外地，她缺了三周的课，正值期末考试前夕，我必须帮助她复习。我的辅导方法是这样的：先看一下她平时的测试卷子，找出她的薄弱环节；然后，列出她曾经做错的习题，再选择一些同类型的习题，让她做；最后，检查答案，仍然错的就是理解的问题了，便和她讨论，启发她想，务必真正弄懂。整个过程非常轻松，同学们在学校里是整天复习，而她每天也就复习两三个小时，但效果很好。回到北京，她胸有成竹地进考场，考了个全班第一。考完试的那几天，她心情好极了，对我说："我就是觉得高兴，不知道是因为什么。"想了一想，说："可能是因为考得不错吧。"老师布置的寒假作业是，把考试错了的地方复习一下。她说："这样我就没有什么作业了。"

在这之后，她的学习成绩显著上升。接下来的一次考试，三年级下学期中考，又是全班第一。红去学校接她，班主任陈老师见了就夸，说："你们是怎么教的，你们的孩子在全年级都出名了，她的卷子成了标准答案。"因为她成绩出色，陈老师特意奖给她一个可爱的绒毛玩具，一头狮子守着一个笔筒，她喜滋滋地捧回了家。

我以前从未想到要辅导她学习，觉得她不需要，现在我看到，方法得当的辅导会给孩子带来多么大的帮助和快乐。我读中学时酷爱数学，有一点儿理解力，现在在辅导孩子时用上了，我也挺高兴。一道她眼中的难题，我几句话就使她明白了，她佩服地叹道："真厉害！"通过我的辅导，她的思路似乎打开了。我说："辅导你复习的时候，我发现你概念很清楚，就知道你考试不会有问题。"她说：

“我是很清楚，考卷发下来，我一目了然。”我从来不把考试看得太重要，但是，一个学生在考场上能有这样的感觉，是多么愉快啊。

5 分数不重要

一个学习成绩优秀的孩子，优秀的成绩给她带来了荣誉感、成就感和自信心，以及与之相伴随的喜悦，正因为如此，她也就容易太看重分数，一旦出现波动，她会有比成绩一般的孩子更强烈的受挫感。这是我要在啾啾身上防止的。何况我一直认为，分数真的不重要，至少比真才实学次要得多。事实上，课堂上的好学生日后碌碌无为，课堂上的平凡学生日后大有作为，这样的事例举不胜举。我要让啾啾保持清醒，始终记住主要的努力方向。所以，无论她得到了好分数还是她认为的差分数，我都会向她强调：分数不重要。

二年级，一次数学测验，有一道题，老师批她错，她得了 88 分，很郁闷。红告诉我时，她眼泪也出来了。我看了那道题，发现她是对的。她说，她记得老师原来是像她那样做的。她的郁闷情有可原，因为冤枉。红让她去对老师讲，她说不敢。我想，不说也可，但要解开她的心结，而这也是一个教育她不在乎分数的好机会，便与她进行了一次谈话。

我说:“我问你,有两种情况,一种是你都做对了,但老师批错了,只给了你88分,另一种是你有一道题做错了,老师没有看出来,给了你100分,让你选择,你愿意要哪一种?”

她答:“都不好。”

我问:“如果一定要你在这两种里选一种呢?”

她答:“要前一种。”

我说:“爸爸和你的看法一样。自己懂就行了,分数不重要。”

6 真正优秀更重要

到了高年级,也许因为面临升学,同学之间谈论较多,她对分数比较看重了。她考试有失利的时候,所谓失利,就是总分不在前二三名了,她的情绪会因此低落。在这种情况下,我会从两个方面开导她。一方面,帮助她分析出错的原因,无非是粗心和不懂,是前者,以后细心就是了,是后者,正好把相关知识弄懂。另一方面,我会安慰她,她没有上任何课外班,花的力气最小,取得这个成绩很不错了。我告诉她,哪怕因为成绩原因而不能升入名牌学校,也不重要,我小学和初中上的都不是名牌。她问什么重要，我说就是真正优秀，比如爱读书，能思考。有一回，她为考试成绩不理想而强忍眼泪，听我这么说，她笑了，说这些她还是有的。

三年级以后，作业多了起来，她做作业是很自觉的，但即使全力以赴，也常常要做一个半小时到两个小时，有时会做到临睡。据我分析，作业有三种情况，一是有素质教育内涵的，比如语文的作文，数学的理解题，二是应试所需要的，比如语文的课文分析，数学的纯粹计算题，三是对应试也未必有用的，比如重复抄写字词和做大量简单计算题。我让她按此顺序确定轻重缓急和分配精力，但是，我自己也知道，其实没有可行性，因为作业是必须交的。有一回，数学作业很多，晚上她伏案做了很久，烦了，爬到双层床上铺，趴在那里不动。我说："我们俩一起做吧。"她说："很简单，我都会，就是没意思，如果有意思也好呀。"我立刻理解了她的感觉，说："如果比较难，要动脑筋，就会有意思，现在只是动手，的确没有意思。"她说是。看她这么烦，我要替她做，她断然拒绝。她很自尊，作业不论难易，她从来不许我们代劳。毫无办法，我只能眼看她亲自受苦。诸位家长，你们有办法吗？当然也没有。在我上面所述作业的三种情况中，教师是可以凭借个人的智慧避免第三种的，而要加强第一种、减少第二种，就只有寄希望于彻底改变应试教育体制了。

第三辑

孩子的成长与阅读

阅读经典与素质教育

我一向认为，阅读经典是素质教育的最佳途径之一。

毋庸讳言，应试教育已经成为全社会的病痛，不但学生和家长深受其苦，而且其恶果正在众多领域显现出来。有鉴于此，现在社会各界都在急切地呼唤素质教育。然而，要真正实现素质教育，就不能只做一些表面的功夫和枝节的文章，而必须正本清源，追问何为教育，使教育回归教育之所是。从根本上来说，教育即生长，其目的是使受教育者身上那些人之为人的属性——这就是“素质”的含义——得到健康生长，使之成为人性意义上的优秀的人。所以，素质教育不是从外部向教育提出的一个要求，更不是今天才提出的一个新要求，而就是教育的本义。严格地说，只有素质教育才配称作教育。若不是着眼于素质，仅仅传授一些专业知识和职业技能，就只可叫作培训，不可妄称教育。若挂着教育之名而实际上对素质起了压制、扭曲、摧残的作用，就只能说是伪教育和反教育了。

人是凭借精神属性成其为人的。按照通常的划分，精神属性可分为知、情、意三个方面，亦即理性思维、情感体验、道德实践这三种精神能力。人类的这些精神能力在极其漫长的自然进化过程中形成了其生物学的基础，而后在相当漫长的文明演进过程中展现出来并得到发展。作为人类的一员，每一个个体的人通过种族的遗传即已具备这些精神能力的生物学基础，在此意义上，我们说它们是人性中固有的禀赋。然而，它们尚处于种子的状态，唯有在人类文化的环境中，种子才会发芽，潜在的禀赋才能生长为现实的能力。这里就有了教育的用武之地，教育的功能和使命正在于为生长提供良好的文化环境。

文化环境不是物理学意义上的环境，对它的理解不能局限于当下的一时一地。几千年来，人类的精神探索形成了一个伟大的传统，这个传统既包容了又超越了一切时代和民族，对于人类每一个有心提高自己精神素质的成员来说，它都是最广阔也最深刻的文化环境。那么，我们到哪里去寻找这个传统呢？我的回答是，到经典著作中去，因为经典著作正是这个传统的最重要载体。把受教育者引领到经典著作的宝库里，让他们了解、熟悉、领悟存在于其中的传统，受其浸染，加入到人类精神探索的伟大进程中去，在我看来，不可能有比这更名副其实也更有效的素质教育了。

具体地说，与精神属性的三个方面相对应，素质教育也可分为智育、美育、德育三个方面，而在这三个方面，经典著作都是极好的教材。

智育的目标是培育自由、独立的头脑。在这方面，经典作家是最好的榜样。他们首先是伟大的自由思想者，不受成见束缚，勇于开拓前人未至的新领域，敢于挑战众人皆信的旧学说。尤其在社科领域，权力、利益、习俗、舆论往往据有巨大的势力，阻挠着对真理的追求和认识，而他们能够不为所动，坚定地听从理性的指引。从他们的著作中，我们学到的不只是一些社科知识，更是追求真理的勇气、智性生活的习惯和独立思考的能力。

美育的目标是培育美丽、丰富的心灵。在这方面，文学艺术作品诚然是基本的教育资源，但人文和社科经典著作也能给我们以美好的熏陶。我们会发现，凡大思想家绝不是单面人和书呆子，他们从事研究的领域不同，性格各异，但大多具有鲜明的个性和丰富的内心世界，对于人类情感每每有或博大精深或微妙细致的体验。这一点也体现在文风上，许多经典作家都是表达的大师，读他们的作品，只要真正读进去了，你绝不会觉得枯燥，只会感到是一次愉快的精神旅行。

德育的目标是培育善良、高贵的灵魂。在这方面，经典作家尤能给我们良多启示。人文和社会科学的研究对象是人和社会，在这个领域中，起支配作用的不只是理性思考和实证观察，更是价值定向和理想愿景。每一位思想家都心怀提升人类向更好状态发展的愿望，一切思考最终都指向最基本的价值问题：怎样的人生是好的人生？怎样的社会是好的社会？虽然价值观正是最充满争议的领域，但是，通过阅读经典，自觉地思考这些问题，有助于我们确立自己的人生坐标，做一个有道德、有信仰的人。

保护和鼓励孩子对书籍的兴趣

1 让孩子自然而然地爱上阅读

女儿啾啾今年九岁，上小学四年级。从幼儿园开始，她就喜欢看书。我们从来没有特意教导她，督促她，她对书的喜爱，完全是自然而然产生的。

从两岁开始，每天晚上，她妈妈给她念一段童话故事，这成了她入睡前的必有节目。她非常爱听，如果哪天妈妈忘了，她必提醒，一天也不可缺。她就这样听完了《艾丽斯漫游奇境记》、《安徒生童话》、《格林童话》等许多经典童话故事，有的听了好几遍。有一回，她盯着妈妈正在念的书，问：妈妈，书上都是字，故事在哪里呀？妈妈没法跟她解释清楚，只好说：宝贝以后认字多了，就知道了。

其实，那时候，她已经能认一些字了。认字的过程也非常自然，玩看图识字的卡片，看碟时跟着声音看字幕，上街时问招牌上的字，诸如此类，当然认的字还不多，零星得很。

忽然有一天，我看见她自己捧着一本书，一边用手指着书上的字，一边大声朗读。一串又一串我听不懂的句子，可是，她念得非常投入，念了很久。自此以后，我发现她常常这样自得其乐地念书，所念的书则逐渐有了目标，往往是妈妈前一天晚上给她念的那一本，她找到才念过的地方，连猜带蒙，把书上的故事复诵一遍。

终于，有一天晚上，妈妈又要给她念书，她说：妈妈，你不要给我念了，你念了我再读就没有意思了。原来，通过这样的过程，她认的字越来越多，基本上能够自己阅读了。这时候，她不到四岁。她随手翻到《骑鹅旅行记》的一页，念出上面的一条标题：斯莫兰的传说。妈妈惊叹：你真行啊！她感到奇怪，说：这里不是写着吗？那个曾经有的困惑“书上都是字，故事在哪里”已经自行消解。

2 孩子天生有强烈的好奇心

通过女儿自己学会阅读的事例，我真切地看到，孩子天生有强烈的好奇心，有潜在的认知能力，只要给他们一个良好的环境，他们的天赋能力就会健康生长，结出果实。培养孩子的阅读能力和习惯，最重要的是保护和鼓励他们对书籍的兴趣，使他们感到阅读本身是一件无比快乐的事。最糟糕的做法是强迫他们学习，其结果只会适得其反，甚至使他们对读书永远心怀惧怕和敌意。

啾啾三岁时，好友于奇主持台湾作家幾米的绘本大陆版的出版事务，送给我一套。刚拿到手，我就翻开其中一本，与啾啾同看。她指着一个变形的人物形象说：这个什么也不像的东西真好玩。一语道破了艺术的真谛。接下来的那些天里，她成了最热情的幾米迷，整天坐在地毯上，摇头晃脑，高声朗读幾米的妙语。有一天早晨，她吃煎蛋，像往常一样不吃脆边，我劝她吃，说那个最好吃。她向我一字一顿大声宣布：不一样的脑袋有不一样的想法，不一样的眼睛有不一样的看法，不一样的嘴巴有不一样的说法。我笑了，问她从哪儿学来的，她说是幾米的书里的。她可真会活学活用。幾米知道了自己在大陆有这么一个小粉丝，不久后，托于奇转送给她一本亲笔签名的新作。

3 潜移默化最重要

我和妻子都喜欢读书，我们各人捧着一本书读，是啾啾天天看到的情景。我相信，这种氛围发生的潜移默化作用是最有效的。家里到处是书，她经常从书柜里抽出一本书来，随意地翻看。有一回，她抽出一本卡夫卡的短篇小说集《变形记》，看见封面上有叶廷芳的名字。叶廷芳也是我们的好友，她感到好奇，问：是叶爷爷写的？我解释，是叶爷爷翻译的。她又问：整本书都是《变形记》？我告诉她，《变形记》是其中的一篇。她表示想看一看，根据目录翻到了那一页，看了开头，立刻笑着说：一开头就变成甲虫了。

4 形成读书品位的重要时期

童年不但是养成读书爱好的关键时期，也是形成读书品位的重要时期。我一向认为，读书的起点一开始就要高，应该为孩子提供适合其年龄的优质的书。啾啾五岁时，我订购了一套河北教育出版社出版的世界名著之旅丛书，放在她的书柜里，想看看她有什么反应。这套书共二十来册，都是根据名著缩写的，我翻了一下，觉得缩写得不错。我发现，她很快就对这套书发生了兴趣，在很短时间里读完了三本：《鲁滨孙漂流记》、《苦儿流浪记》、《八十天环游地球》。最早读的是《鲁滨孙漂流记》，但在三本中最晚读完，她说她害怕，终于读完以后，在笔记本上写了一句感想：很激动人心的故事，尤其是在无人岛上的时候。我从不催她，她在一年多的时间里基本读完了这套书，最喜欢《堂吉诃德》，经常对我们说起里面的情节。在这之后，她最喜欢的书是卡尔维诺编的《意大利童话》，厚厚两大册，一千多页，反复读了好几遍，到了几乎能背诵的地步。她欣赏那种民间风格的幽默，随便你翻到哪一页，她立刻就能活灵活现地给你讲述相关的那个故事。

5 创造以读书为乐的氛围

啾啾看书是非常专注的。经常的情况是，我自己在忙，突然想起很长时间没有听到她的声音了，到她的房间看，只见她坐在窗边，捧着一本书在读，我跟她说话，她一脸茫然，可见她的心还沉浸在书里。这情景真令人感动。有一回，她妈妈表示想看《战争与和平》，她从书柜里替妈妈找了出来。过了几天，她发现妈妈在看别的书，就问：你为什么不看《战争与和平》了？妈妈说：我翻了一下，觉得别的书更好看，就看别的书了。她说：你没有看进去。真是一针见血啊。

有一本书，她从四岁到现在一直喜欢，就是《窗边的小豆豆》，也是百读不厌。一开始是妈妈读给她听，她听完后宣布：以后我也要写自己的事。因为那本书有后记，她又加上一句：当然也要写后记的喽。我借此机会叮嘱我的宝贝：说话要算数呀，爸爸就等着你兑现诺言啦。

在同龄的孩子里，啾啾肯定不算读书最多最用功的。我的有些朋友的孩子，年纪很小就读成人读的大厚本，能背诵许多古文。和他们比，啾啾仍显得孩子气。不过，我觉得这样挺好。在孩子智育的问题上，我有一颗平常心，不给她施加任何压力。我给她的只是一个布满书籍的环境，一种以读书为乐的氛围，如此足矣，其余皆顺其自然。智力的生长有自己的季节，何必揠苗助长呢。

让孩子养成读书的癖好

1 从小养成读书的癖好

人的癖好五花八门，读书是其中之一。但凡人有了一种癖好，也就有了看世界的一种特别眼光，甚至有了一个属于他的特别的世界。不过，和别的癖好相比，读书的癖好能够使人获得一种更为开阔的眼光，一个更加丰富多彩的世界。我们也许可以据此把人分为有读书癖的人和没有读书癖的人，这两种人生活在很不相同的世界上。

比起嗜书如命的人来，我只能勉强算作一个有一点读书癖的人。根据我的经验，人有无读书的癖好，在少年甚至童年时便已见端倪。那是一个求知欲汹涌勃发的年龄，不必名著佳篇，随便一本稍微有趣的读物就能点燃对书籍的强烈好奇。回想起来，使我发现书籍之可爱的不过是上小学时读到的一本普通的儿童读物，那里面讲述了一个淘气孩子的种种恶作剧，逗得我不停地捧腹大笑。

从此以后，我对书不再是视若不见，而是刮目相看了，我眼中有了一个书的世界，看得懂看不懂的书都会使我眼馋心痒，我相信其中一定藏着一些有趣的事情，等待我去见识。随着年龄增长，所感兴趣的书的种类当然发生了很大的变化，对书的兴趣则始终不衰。现在我觉得，一个人读什么书诚然不是一件次要的事情，但前提还是要有读书的爱好，而只要真正爱读书，就迟早会找到自己的书中知己的。

2 读“无用的书”

读书的癖好与所谓刻苦学习是两回事，它讲究的是趣味。所以，一个认真做功课和背教科书的学生，一个埋头从事专业研究的学者，都称不上是有读书癖的人。有读书癖的人所读之书必不限于功课和专业，毋宁说更爱读课外和专业之外的书籍，也就是所谓闲书。当然，这并不妨碍他对自己的专业发生浓厚的兴趣，做出伟大的成就。英国哲学家罗素便是一个在自己的专业上做出了伟大的成就的人，然而，正是他最热烈地提倡青年人多读“无用的书”。

其实，读“有用的书”，即教科书和专业书固然有其用途，可以使人获得立足于社会的职业技能，但是读“无用的书”也并非真的无用，那恰恰是一个人精神生长的领域。从中学到大学到研究生，我从来不是一个很用功的学生，上课偷读课外书乃至逃课是常事。我相信许多人在回首往事时会和我有同感：一个人的成长基本上得益于自己读的课外书，相比之下，课堂上的收获显得微不足道。我不想号召现在的学生也逃课，但我国的教育现状确实令人担忧。中小学本是培养对读书的爱好的关键时期，但现在的中小学教育却以升学率为唯一追求目标，为此不惜将超负荷的功课加于学生，剥夺其课外阅读的时间，不知扼杀了多少孩子现在和将来对读书的爱好。

3 让读书成为生活的基本需要

那么，一个人怎样才算养成了读书的癖好呢？我觉得倒不在于读书破万卷，一头扎进书堆，成为一个书呆子。重要的是一种感觉，即读书已经成为生活的基本需要，不读书就会感到欠缺和不安。宋朝诗人黄山谷有一句名言：“三日不读书，便觉语言无味，面目可憎。”林语堂解释为：你三日不读书，别人就会觉得你语言无味，面目可憎。这当然也说得通，一个不爱读书的人往往是乏味的因而不让人喜欢的。不过，我认为这句话主要还是说自己的感觉：你三日不读书，你就会自惭形秽，羞于对人说话，觉得没脸见人。

如果你有这样的感觉，你就必定是个有读书癖的人了。

有一些爱读书的人，读到后来，有一天自己会拿起笔来写书，我也是其中之一。所以，我现在成了一个作家，也就是以写作为生的人。我承认我从写作中也获得了许多快乐，但是，这种快乐并不能代替读书的快乐。有时候我还觉得，写作侵占了我的读书时间，使我蒙受了损失。写作毕竟是一种劳动和支出，而读书纯粹是享受和收入。我向自己发愿，今后要少写多读，人生几何，我不该亏待了自己。

做一个真正的读者

读者是一个美好的身份。每个人在一生中会有各种其他的身份，例如学生、教师、作家、工程师、企业家等，但是，如果不同时也是一个读者，这个人就肯定存在着某种缺陷。一个不是读者的学生，不管他考试成绩多么优秀，本质上也不是一个优秀的人才。一个不是读者的作家，我们有理由怀疑他作为作家的资格。在很大程度上，人类精神文明的成果是以书籍的形式保存的，而读书就是享用这些成果并把它们据为己有的过程。质言之，做一个读者，就是加入到人类精神文明的传统中去，做一个文明人。在某种意义上，一个民族的精神素质取决于人口中高趣味读者的比例。相反，对于不是读者的人来说，凝聚在书籍中的人类精神财富等于不存在，他们不去享用和占有这笔宝贵的财富，一个人唯有在成了读者以后才会知道，这是多么巨大的损失。历史上有许多伟大的人物，在他们众所周知的声誉背后，往往有一个人所不知的身份，便是终身读者，即一辈子爱读书的人。

然而，一个人并不是随便读点什么就可以称作读者的。

在我看来，一个真正的读者应该具备以下特征——

第一，养成了读书的癖好。也就是说，读书成了生活的必需，真正感到不可缺少，几天不读书就寝食不安，自惭形秽。如果你必须强迫自己才能读几页书，你就还不能算是一个真正的读者。当然，这种情形绝非刻意为之，而是自然而然的，是品尝到了阅读的快乐之后的必然结果。事实上，每个人天性中都蕴含着好奇心和求知欲，因而都有可能依靠自己去发现和领略阅读的快乐。

第二，形成了自己的读书趣味。世上书籍如汪洋大海，再热衷的书迷也不可能穷尽，只能尝其一瓢，区别在于尝哪一瓢。读书是一件非常私人的事情，喜欢读什么书，不论范围是宽是窄，都应该有自己的选择，体现了自己的个性和兴趣。针对当今图书市场的现状，我要特别强调，千万不要追随媒体的宣传只读一些畅销书和时尚书，倘若那样，你绝对成不了真正的读者，永远只是文化市场上的消费大众而已。须知时尚和文明完全是两回事，一个受时尚支配的人仅仅生活在事物的表面，貌似前卫，本质上却是一个野蛮人，唯有扎根于人类精神文明土壤中的人才是真正的文明人。

第三，有较高的读书品位。一个真正的读者具备基本的判断力和鉴赏力，仿佛拥有一种内在的嗅觉，能够嗅出一本书的优劣，本能地拒斥劣书，倾心好书。这种能力部分地来自阅读的经验，但更多地源自一个人灵魂的品质。一旦你的灵魂足够丰富和深刻，你就会发现，你已经上升到了一种高度，不再能容忍那些贫乏和浅薄的书了。

能否成为一个真正的读者，青少年时期是关键。经验证明，一个人在这个时期倘若没有养成读好书的习惯，以后再要培养就比较难了，倘若养成了，则必定终身受用。青少年对未来有种种美好的理想，我对你们的祝愿是，在你们的人生蓝图中千万不要遗漏了这一种理想，就是立志做一个真正的读者，一个终身读者。

读永恒的书

1 对书籍产生热烈的向往

人类所创造的精神财富是通过各种物质形式得以保存的，其中最重要的一种形式就是文字。因而，在我们日常的精神活动中，读书便占据着很大的比重。一般而言，我们很难想象一个关注精神生活的人会对书籍毫无兴趣。尤其在青少年时期，心灵世界的觉醒往往会表现为一种勃发的求知欲，对书籍产生热烈的向往。“我扑在书籍上，就像饥饿的人扑在面包上一样。”高尔基回忆他的童年时所说的这句话，非常贴切地表达了读书欲初潮来临的心情。一个人在早年是否经历过这样的来潮，在一定程度上透露和预示了他的精神素质。

2 读必读的书

然而，古今中外，书籍不计其数，该读哪些书呢？从精神生活的角度出发，我们也许可以极粗略地把天下的书分为三大类。一是完全不可读的书，这种书只是外表像书罢了，实际上是毫无价值的印刷垃圾，不能提供任何精神的启示、艺术的欣赏或有用的知识。在今日的市场上，这种以书的面目出现的假冒伪劣产品比比皆是。二是可读可不读的书，这种书读了也许不无益处，但不读却肯定不会造成重大损失和遗憾。世上的书，大多属于此类。我把一切专业书籍也列入此类，因为它们只对有关的专业人员才可能是必读书，对于其余人却是不必读的，至多是可读可不读的。三是必读的书。所谓必读，是就精神生活而言，即每一个关心人类精神历程和自身生命意义的人都应该读，不读便会是一种欠缺和遗憾。

3 经典名著具有永恒的价值

应该说，这第三类书在书籍的总量中只占极少数，但绝对量仍然非常大。它们实际上是指人类文化宝库中的那些不朽之作，即所谓经典名著。对于这些伟大作品不可按学科归类，不论它们是文学作品还是理论著作，都必定表现了人类精神的某些永恒内涵，因而具有永恒的价值。在此意义上，我称它们为永恒的书。要确定这类书的范围是一件难事，事实上不同的人就此开出的书单一定会有相当的出入。不过，只要开书单的人确有眼光，就必定会有一些最基本的好书被共同选中。例如，他们绝不会遗漏《论语》、《史记》、《红楼梦》这样的书，柏拉图、莎士比亚、托尔斯泰这样的作家。

4 非最好的书不读

在我看来，真正重要的倒不在于你读了多少名著，古今中外的名著是否读全了，而在于要有一个信念，便是非最好的书不读。有了这个信念，即使你读了许多并非最好的书，你仍然会逐渐找到那些真正属于你的最好的书，并且成为它们的知音。事实上，对于每个具有独特个性和追求的人来说，他的必读书的书单绝非照抄别人的，而是在他自己阅读的过程中形成的，这个书单本身也体现出了他的个性。正像罗曼·罗兰在谈到他所喜欢的音乐大师时说的："现在我有我的贝多芬了，犹如已经有了我的莫扎特一样。一个人对他所爱的历史人物都应该这样做。"

5 人是他所吃的东西

费尔巴哈说：人就是他所吃的东西。至少就精神食物而言，这句话是对的。从一个人的读物大致可以判断他的精神品级。一个在阅读和沉思中与古今哲人文豪倾心交谈的人，与一个只读明星逸闻和凶杀故事的人，他们当然有着完全不同的内心世界。我甚至要说，他们也是生活在完全不同的外部世界上，因为世界本无定相，它对于不同的人呈现不同的面貌。列车上，地铁里，我常常看见人们捧着形形色色的小报，似乎读得津津有味，心中不免为他们惋惜。天下好书之多，一辈子也读不完，岂能把生命浪费在读这种无聊的东西上。我不是故作清高，其实我自己也曾拿这类流行报刊来消遣，但结果总是后悔不已。读了一大堆之后，只觉得头脑里乱糟糟又空洞洞的，没有得到任何有价值的东西。歌德做过一个试验，半年不读报纸，结果他发现，与以前天天读报相比，没有任何损失。所谓新闻，大多是过眼烟云的人闹的一点儿过眼烟云的事罢了，为之浪费只有一次的生命确实是不值得的。

轻松读经典

1 我的读书旨趣

我的读书旨趣，第一是把人文经典当作主要读物，第二是用轻松的方式来阅读。

2 读书的目的

读什么书，取决于为什么读。人之所以读书，无非有三种目的。一是为了实际的用途，例如因为职业的需要而读专业书籍，因为日常生活的需要而读实用知识。二是为了消遣，用读书来消磨时光，可供选择的有各种无用而有趣的读物。三是为了获得精神上的启迪和享受，如果是出于这个目的，我觉得读人文经典是最佳选择。

3 人文经典与精神探索

人类历史上产生了那样一些著作，它们直接关注和思考人类精神生活的重大问题，因而是人文性质的，同时其影响力得到了许多时代的公认，已成为全人类共同的财富，因而又是经典性质的。我们把这些著作称作人文经典。在人类精神探索的道路上，人文经典构成了一种伟大的传统，任何一个走在这条路上的人都无法忽视其存在。

4 真正的阅读须有灵魂的参与

认真地说，并不是随便读点什么都能算是阅读的。譬如说，我不认为背功课或者读时尚杂志是阅读。真正的阅读必须有灵魂的参与，它是一个人的灵魂在一个借文字符号构筑的精神世界里的漫游，是在这漫游途中的自我发现和自我成长，因而是一种个人化的精神行为。什么样的书最适合于这样的精神漫游呢？当然是经典，只要我们翻开它们，便会发现里面藏着一个个既独特又完整的精神世界。

5 必须懂得拒绝和排除

一个人如果并无精神上的需要，读什么倒是无所谓的，否则就必须慎于选择。也许没有一个时代拥有像今天这样多的出版物，然而，很可能今天的人们比以往任何时候都阅读得少。在这样的时代，一个人尤其必须懂得拒绝和排除，才能够进入真正的阅读。这是我主张坚决不读二三流乃至不入流读物的理由。

6 别把宝贵的生命耗费在垃圾上

图书市场上有一件怪事，别的商品基本上是按质论价，唯有图书不是。同样厚薄的书，不管里面装的是垃圾还是金子，价钱都差不多。更怪的事情是，人们宁愿把可以买回金子的钱用来买垃圾。至于把宝贵的生命耗费在垃圾上还是金子上，其间的得失就完全不是用钱可以衡量的了。

7 时间是位智慧和公正的批评家

古往今来，书籍无数，没有人能够单凭一己之力从中筛选出最好的作品来。幸亏我们有时间这位批评家，虽然它也未必绝对智慧和公正，但很可能是一切批评家中最智慧和最公正的一位，多么独立思考的读者也不妨听一听它的建议。所谓经典，就是时间这位批评家向我们提供的建议。

8 经典的不同读法

对经典也可以有不同的读法。一个学者可以把经典当作学术研究的对象，对某部经典或某位经典作家的全部著作下考证和诠释的功夫，从思想史、文化史、学科史的角度进行分析。这是学者的读法。但是，如果一部经典只有这一种读法，我就要怀疑它作为经典的资格，就像一个学者只会用这一种读法读经典，我就要断定他不具备大学者的资格一样。唯有今天仍然活着的经典才配叫作经典，它们不但属于历史，而且超越历史，仿佛有一颗不死的灵魂在其中永存。正因为如此，在阅读它们时，不同时代的个人都可能感受到一种灵魂觉醒的惊喜。在这个意义上，经典属于每一个人。

9 把经典当作闲书来读

作为普通人，我们如何读经典？我的经验是，不妨就把经典当作闲书来读。也就是说，阅读的心态和方式都应该是轻松的。千万不要端起做学问的架子，刻意求解。读不懂不要硬读，先读那些读得懂的、能够引起自己兴趣的著作和章节。这里有一个浸染和熏陶的过程，所谓人文修养就是这样熏染出来的。在不实用而有趣这一点上，读经典的确很像是一种消遣。事实上，许多心智活泼的人正是把这当作最好的消遣的。能否从阅读经典中感受到精神的极大愉悦，这差不多是对心智质量的一种检验。不过，也请记住，经典虽然属于每一个人，但永远不属于大众。我的意思是说，读经典的轻松绝对不同于读大众时尚读物的那种轻松。每一个人只能作为有灵魂的个人，而不是作为无个性的大众，才能走到经典中去。如果有一天你也陶醉于阅读经典这种美妙的消遣，你就会发现，你已经距离一切大众娱乐性质的消遣多么遥远。

10 不读经典，精神损失巨大

经典是人类精神财富的一个宝库，它就在我们身旁，其中的财富属于我们每一个人。阅读经典就是享用这笔宝贵的财富，凡是领略过此种享受的人都一定会同意，倘若一个人活了一生一世，从未踏进这个宝库，那是遭受了多么巨大的精神损失啊。

读经典就像回家

1 人生不可缺的两个朋友

人不能没有朋友。在一切朋友中，有两个朋友是最不可缺的：一个朋友就是你自己，是你身上的那个更高的自我，每个人身上都有一个更高的自我，哲学家称之为理性，基督教称之为灵魂，佛教称之为佛性，但它常常是沉睡着的，你要去把它唤醒，为了使这个更高的自我变得丰富而强大，你还必须有另一个朋友，就是那些好书，活在好书里的那些伟大的灵魂。

2 大师和偶像

过去出大师，今天出偶像。但大师并未成为过去，而是永远活在他们的作品中，活在文化的传承中。偶像则依附于时尚而昙花一现。

我给自己的定位：大师的学生。我当然不是大师，但也不是偶像，做大师的学生，这是我的最大幸运和光荣。

寄语今日青年：要做大师的学生，不做偶像的粉丝。唯有如此，你们才能超越时尚，进入文化。

3 站在巨人的肩膀上

人类历史上有过许多精神巨人，他们高瞻远瞩，各人依凭自己的心性看见了不同的奇异风景。我们不是巨人，但何妨站到巨人的肩膀上，去欣赏一下他们眼中那奇异的风景。我们不是伟大的人，但何妨阅读伟大的著作，去体会一下人的伟大可以达到何种高度。是的，读经典就是站在巨人的肩膀上的最直接、最现成的方式。

4 成为人性意义上的高贵者

人们常说站在巨人的肩膀上，依我看，读大师的书是站在巨人肩膀上的最方便法子。事实上，每一位大师正是站在前辈大师的肩膀上，才成为大师的。当然，我们多半成不了大师，而只是来人间走一趟的千亿卑微生灵之一员。但是，人的高贵在于拥有思考真的头脑，体验美的心灵，追求善的灵魂，在大师们的熏陶下，我们知道了人可以达到的高度，人生有了精神目标，卑微者就能成为人性意义上的高贵者。

5 文化上的绿色食品

经典作品是最接近自然的文化制品。这首先是因为，作者自己是大自然所诞生的健康的生灵，因此对事物有饱满而真实的感受，他只需把这感受如实地表达出来就可以了。用食品作譬，他采用的是天然原料，没有化肥和农药的污染，没有添加剂，制作出来的是真正的绿色食品。

在食品卫生状况恶劣的今天，你也许无处寻觅令口腹放心的物质上的绿色食品了，但是，令心灵放心的精神上的绿色食品就在那里，你为何不去享用，却甘愿受营养贫乏、添加剂泛滥的文化快餐的毒害呢？

6 读经典就像回家

卡尔维诺谈经典的两句话，我觉得也说出了我读经典的感觉，一是初读就像是重温。人文经典所探究、叙述的主题，无非是人性和人生，我对之有自己的体验和思考，因此并不陌生。二是重温就像是初读。大师毕竟是大师，所展现的精神世界丰富而深邃，因此常温常新。结合这两种感觉，我觉得读经典就像是回到了我久违的真正的家，既似曾相识，又不断有意外的发现和惊喜。其实，这个家就是人类共同的精神故乡，而经典则是带领我们回家的向导。

7 直接跟随精神大师

E. M. 福斯特说："我认为唯一能影响我们的书籍，是那些我们已为之做好准备、在我们正在行走的道路上比我们走得略微远一些的书籍。"很准确。不过，这只是说明，你必须增加自己的精神积累，而绝不是去读平庸书籍的理由。那些平庸书籍不在你应该行走的道路上，谈不上走得远近的问题。我仍然认为，一个立志走精神上升之路的人，与其跟随二三流作者，不如直接跟随精神大师，有一天你会发现，虽然你始终只能望见其背影，但你已经把那些二三流作者远远甩在后面了。

8 怎么打读经典的基础

我主张读书的起点要高，直接从大师的经典作品开始。有人问：读经典必须有一定的基础，现在基础太差，怎么打这个基础？我的回答是：读经典的基础也是通过读经典来打的。经典的共同之处是有很高的含金量，但它们在文字表达上也有深浅难易之别，你可以由浅入深，从易到难，循序渐进，这本身就是一个逐步打基础的过程。相反，如果你总是读那些平庸的书，即那些没有含金量的书，就永远不可能学会识别和欣赏金子，永远不可能具备读经典的基础，只会离经典越来越远。

9 最忠贞的关系

我相信，我这个年龄段的人里面，许多人对经典心怀感激。读书基本上是我的生活，同时也是我的职业，而我所读之书基本上是经典。可以毫不夸张地说，经典是我一生的陪伴，是我在人世间最可称为忠贞的一种关系。

我曾戏言说我只读死人书。说说理由吧：一、历史上有大师辈出的时代，而现在不是；二、在两千多年积累的精华中选择，当然胜于在几十年乃至几年的流水中打捞。

10 火种不会熄灭

经典之为经典，就在于其中凝聚了对人类基本境况的观察和思考，因而具有永恒的价值。现在社会上急功近利的风气和网络媒介的强势对于阅读经典的确造成了巨大冲击，我认为是很可悲的。不过，事实上，经典作品仍在源源不断地出版，证明它们仍拥有基本的读者群，火种仍在传承，绝不会熄灭。

11 充实和遗憾

自古以来，中外大师们创造了无数优秀作品。想到有这么多的精神美食等着我去品尝，我就感到无比充实，想到毕其一生只能品尝其中的一小部分，我又感到无比遗憾。

12 这本书早已存在

我一直想写、许多人也希望我写的这本书，其实它早已存在，我翻开历史上每一位智者和觉者的书时都看见了它。

13 我的作用是把读者引到经典面前

至于我自己的作品，我不关心它们明天会怎样，今天拥有众多读者就可以了。我从来不认为我的作品有传世的价值，因此也绝不追求这个目标。我一再说，我的作用仅在于把读者引到经典作品面前，我不会无知和自信到认为我的作品能成为经典。我二十多年前的作品现在仍有许多人喜欢，这个情况已经达到和超过我的期望了，为此我既感到满意，又感到惭愧。

读书的收获

1 青春期的阅读

青春期是人生最美妙的时期。恋爱是青春期最美妙的事情。我说的恋爱是广义的，不只是对异性的憧憬和眷恋，更未必是某个男生与某个女生之间的卿卿我我。荷尔蒙所酿造的心酒是那么浓郁，醉意常在，万物飘香。随着春心萌动，少男少女对世界和人生都是一种恋爱的心情，眼中的一切都闪放着诱人的光芒。在这样的心情中，一个人倘若有幸发现了一个书的世界，就有了青春期最美妙的恋爱——青春期的阅读。

青春期的阅读真正具有恋爱的性质，那样纯洁而痴迷。书的世界里，一本本尚未翻开的书，犹如一张张陌生女郎的谜样面影，引人遐想，招人赏析。每翻开一本新书，心中期待的都是一次新的奇遇，一场新的销魂。人的一生中，以后再不会有如此纯洁而痴迷的阅读了，成年人的阅读几乎不可避免地被功利、事务、疲劳损害。

2 养成阅读习惯的关键期

一个人在青春期是否有过这种充满激情的阅读经验，这一点至关重要，其深远的影响必定会在后来的人生中显示出来。青春期是精神生长的关键期，也是养成阅读习惯的关键期，二者之间有着内在的联系。通过青春期的阅读，一个人真正发现的是人类的一个丰富多彩的精神生活世界，品尝到了在这个世界里漫游的快乐。从此以后，这个世界在他的人生地图上就有了牢不可破的位置，会不断地向他发出召唤。相反，有些人在学生时代只把力气用在功课和考试上，毫无自主阅读的兴趣，那结果是什么，你们看一看那些走出校门后不再读书的人就知道了。

人生有种种享受，读书是其中之一。读书的快乐，一在求知欲的满足，二在与活在书中的灵魂的交流，三在自身精神的丰富和生长。

要领略读书的快乐，必须摆脱功利的考虑，有从容的心境。

青少年时期是养成读书爱好的关键时期，一旦养成，就终身受用，仿佛有了一个不会枯竭的快乐源泉，也有了一个不会背叛的忠实朋友。

3 为一辈子的读书打好基础

学习是一辈子的事情。事实上，在我迄今所读的书中，当学生时读的占很小一部分，绝大部分是在走出校门后读的。我相信，其他爱读书的人一定也是如此。我还相信，他们基本上也是在年少时代为一辈子的读书打下了基础。这个基础，一是产生了强烈而持久的阅读兴趣，二是形成了自己的阅读眼光和品位。

4 精神初恋的美好

对我们影响最大的书往往是我们年轻时读的某一本书，它的力量多半不缘于它自身，而缘于它介入我们生活的那个时机。那是一个容易受影响的年龄，我们好歹要崇拜一个什么人，如果没有，就崇拜一本什么书。后来重读这本书，我们很可能会对它失望，并且诧异当初它何以使我们心醉神迷。但我们不必惭愧，事实上那是我们的精神初恋，而初恋对象不过是把我们引入精神世界的一个诱因罢了。当然，同时它也是一个征兆，我们早期着迷的书的性质大致显示了我们的精神类型，预示了我们后来精神生活的走向。

年长以后，书对我们很难再有这般震撼的效果了。无论多么出色的书，我们和它都保持着一个距离。或者是我们的理性已经足够成熟，或者是我们的情感已经足够迟钝，总之我们已经过了精神初恋的年龄。

5 课外阅读的意义

看一个学生的心智素质好不好，我就看他是否具备了两种能力，一是快乐学习的能力，二是自主学习的能力。简言之，就是喜欢学习和善于自学。这样的能力，一方面诚然也可以体现在功课上，比如探索出一套有效的方法，能够比较轻松地对付考试。但是，另一方面，我认为更重要的是体现在课外阅读上，课外阅读是学生个性和禀赋自由发展的主要空间，素质优秀的学生一定不会放弃这个空间的。我由此得出了一个衡量学生素质的简明尺度，就是看课外阅读在他的全部学习中所占的比重有多大。一个爱读书、会读书的学生，即使功课稍差，他将来的作为定能超过那种功课全优但毫无自主阅读兴趣的学生。同样，衡量一所学校的教育水准，我也要看是否有浓厚的阅读风气，爱读书、会读书的学生占的比重有多大。

6 青年时期养成好读书和读好书的习惯

一个人能否真正拥有心智生活，学生时期的确是关键。特别是青年时代，不但是心智活跃的时期，而且也是心智定向的时期。如果你在青年时期养成了好读书和读好书的习惯，那么，这种习惯在以后的岁月里基本上改不掉了。如果这时候没有养成，以后也就基本上养不成了。

智力活跃的青年并不天然地拥有心智生活，他的活跃的智力需要得到鼓励，而正是通过读那些使他品尝到智力快乐和心灵愉悦的好书，他被引导进入了作为一个整体的人类心智生活之中。

7 阅读提升精神素质

人的精神属性可以相对地分为智力、道德、情感，与此相应，素质教育可分为智育、德育、美育，而阅读好书则是提升这三种精神素质、进行这三种教育的最佳途径。第一类是哲学、教育学、心理学等理论著作，阅读这类书籍的目的是培育思想尊严，拥有追求真理的勇气和独立思考的能力。第二类是伟人和优秀人物的传记，阅读这类书籍的目的是培育爱心、良心和社会责任心，做一个有道德、有信仰的人。第三类是文学作品，阅读这类书籍的目的是培育诗意和创造情怀，拥有丰富的感受和想象力。

8 书籍和电视的区别

其一，书籍中存在着一个用文字记载的传统，阅读使人得以进入这个传统；电视以现时为中心，追求信息的当下性，看电视使人只活在当下。

其二，文字是抽象的符号，它要求阅读必须同时也是思考，否则就不能理解文字的意义；电视直接用图像影响观众，它甚至忌讳思考，因为思考会妨碍观看。

结论：书籍使人成为文明人，电视使人成为野蛮人。

9 攀登精神高峰

攀登大自然的高峰，我们才能俯视大千，一览众山小。阅读好书的效果与此类似，伟大的灵魂引领我们登上精神的高峰，超越凡俗生活，领略人生天地的辽阔。

10 优秀的书籍是宝藏

优秀的书籍组成了一个伟大宝库，它就在那里，属于一切人而又不属于任何人。你必须走进去，自己去占有适合于你的那一份宝藏，而阅读就是占有的唯一方式。对于没有养成阅读习惯的人来说，它等于不存在。人们孜孜于享用人类的物质财富，却自动放弃了享用人类精神财富的权利，竟不知道自己蒙受了多么大的损失。

11 阅读趣味决定精神品位

一个人的阅读趣味大致决定了他的精神品位，而纯正的阅读趣味正是在读好书中养成的。

12 人与人的差距令人震惊

读精神伟人的著作，看艺术天才的创造，我知道了人所能达到的高度，于是为自己生而为人类感到幸运和荣耀。

可是，走在街上，看见那些在路边玩牌和喧哗的人，那些开着车使劲按喇叭的人，看见那么多空虚的脸，我不禁想：难道他们也是人类？

人与人之间的差距如此之大，这一点常常使我感到震惊。

13 读无用的书，做有梦的人

读无用的书，做有梦的人。这是我给一家民营书店的题词。书分有用和无用，有用的书关乎生计，无用的书关乎心灵。人分有梦和无梦，无梦的人是生计的奴仆，有梦的人是心灵的富翁。无梦的人生是乏味的，与无梦的人相处也是乏味的。人生在世，生计之外，还是得讲究个味儿。

14 书籍的价值

叔本华说：期望一个人记住他读过的全部书籍，恰如期望他能在体内储存他吃过的全部食物。这个比方打得有些极端，因为在事实上，无论谁都不可能、即使可能也不愿意在体内储存吃过的全部食物。但是，世上确实有过目不忘、满腹诗书的记忆天才。我相信，叔本华的意思应该是：有形的知识不重要，书籍的价值仅在于提供精神营养，而精神营养是无形的，因为它倘若真正起了作用，就必定已化为了你的血肉。

15 精神地图

读万卷书，行万里路。其实读书也是一种行路，是行走在人类精神的世界里。我就是这样一个旅行者，阅读是我在勘测人类精神世界的地图。

16 阅读过程的快乐

藏书多当然不等于博学。如果拥有书籍，不必读它们，就能占有其中的知识，那该多么省力。我要立即补充一句：那该多么没意思。可见阅读本身是莫大的快乐，如果取消了阅读过程中的理解、思考、质疑、感悟等等，质言之，取消了自己心智的积极参与，那客观呈现的知识对于你就无甚价值。

17 读书的两种收获

读书的收获有两种。一是通过读书知道了自己原来没有当然也就不知道的东西，这样收获到的东西叫知识。二是通过读书发现了自己原来已经有但没有意识到的东西，这些东西是自己感悟到的，但好像一直沉睡着，现在被唤醒了，激活了，因此获得了生长、开花、结果的机会。这样收获到的东西，我称之为智慧。

18 阅读怎么改变命运

人们常说：阅读改变命运。在我看来，此话可有两种含义。其一，读那些所谓“有用的书”，也就是接受正规教育，获取专业知识，这样可以改变你的外在命运，改变你在社会上的地位。其二，读那些所谓“无用的书”，那些哲学、宗教、人文方面的书籍，未必能改变你的外在命运，但能改变你的内心世界，使你拥有智慧、信仰、丰富的心灵生活，拥有一个强健的灵魂，因此也就改变了外在命运的关系，从而在精神上立于不败之地。我认为后一种改变是更可靠也更重要的。

第四辑

好老师的责任和本事

全面提高教育质量的前提

1 把学生当作人

教育不是制造，学生不是机械产品，所以衡量教育质量就不能像制造机械产品那样，根据某种外在的需要和目的制定一些指标，用这些指标来衡量。真正要提高教育质量的话，一个前提就是把学生当作人，衡量教育质量就是看作为一个人，他的生长和培育是一个什么样的状态。

这个说起来好像很抽象，但我觉得我们是能够看得到的，你是不是把学生当作人，他作为人的生长情况怎么样。我说的把学生当人，包括两个含义。一个就是把学生当作人性意义上的人，所以教育就是要让他享受这个人性，发展这个人性，让他德、智、情、体各方面得到很好的发展，成为人性意义上优秀的人。这个目标不是将来时，应该是现在进行时，就是说应该让他在上学的时候，在学习的过程中，就能体会到人性的丰富，做人的尊严，人之为人的幸福。另外一个就是个性的发展，要把每个学生都看作是一个独特的个体，让他的个性得到发展，让他最好的禀赋能够显示出来，得到最好的发展。这两条是否做到，我觉得应该是看得到的，从他的状态怎样可以看出来的。

2 教育方式必须人性化

如果教育的目标是人的培育，那么，要实现这个目标，在教育的方式上就必须人性化，包括课程的设置、教学的方法、教材的编写都要人性化。我觉得这几个方面我们现在问题挺大的。比如在课程的设置上，我认为应该坚持两项原则。一个是少而精，就是设置最必要的课程，每一种课程让学生掌握主要的原理，不必花很多时间，要给学生留出自由时间。小学、中学基础教育阶段就应该这样，现在的情况相当糟糕，我是有亲身体会的。我的儿子现在还小，上小学三年级，现在是从周一到周五，从早到晚都是在所谓的学习，到学校上课，回家以后就是做作业，每天要花两个小时，他痛苦不堪。我原来没有发现这个情况，我的女儿现在上高三，当年她上的同一个小学，很轻松就过了。女孩子是很容易乖乖地适应这种环境的，男孩子就不一样，力比多非常强烈，受不了这种压抑。所以他现在经常问的问题就是，世界上为什么要有学校？第二个问题是，你们大人为什么可以不上学？他觉得这非常不公平，他的主要理想就是快快长大，就可以不用上学了。欧洲和美国的小学都是上半天学，孩子有很多玩的时间，我觉得中国的孩子真的很可怜。如果一个孩子过的不是孩子的生活，那你就是没有把他当孩子，也就是在童年阶段没有把他当相应阶段的人，这是很严重的问题。

3 课程设置应差别化

课程设置的另外一个原则就是差别化。小学应该允许偏科，中学应该有选课的自由。人是不一样的，这在童年就显示出来了。这一点我也是在我儿子身上看出来的，他让我非常吃惊的一点，是他的语文比较糟糕。我的女儿语文特别好，女儿在上小学之前，幼儿园的时候，就自己能看书了，看《窗边的小豆豆》没有什么生字，能顺畅地看下来。儿子对文字却非常地拒绝，你让他默写生字，背课文，他难受得不得了。但是他数学很好，画画也非常好，他的画现在好多画家都非常称赞的，觉得不可思议。我发现孩子是不一样的，同一对父母生的孩子也是不一样的，你是没有办法规定他的。这种情况，我们是应该强迫他一致，还是要照顾他的差别呢？我觉得当然应该照顾他的差别。可是，学校里有考试指标，老师会觉得差生拖了全班的后腿，所以一定要把他扭转过来。其实，真正从人的发展来说，小学时语文差一些重要吗？何况现在差不等于永远差，很可能他在这方面的开窍还没有到时候。我经常跟儿子说：宝贝，语文差一些没关系，你看爸爸现在语文还不错吧。他说你是作家嘛，我说是的，我告诉你，我小学的时候语文也不好。我现在最怕的不是他语文不好，而是这个情况给他带来心理的压力，所以我尽量给他减压。如果我们的整个体制，使得一个孩子在童年、少年这个人性生长最活跃的时候，不能体会到做人的尊严和幸福，以后再要他体会到，我觉得就很难了，先天就已经不足了。

4 教材应改变内容陈腐的现状

另外我觉得现在教材也是很大的问题，从小学到中学，尤其是语文课和品德教育课，有一些陈腐的内容，是对人性和理智的羞辱。如果说孩子因为年龄小还感觉不到这是羞辱，那就更糟糕，这种潜移默化是非常可怕的。

5 教师首先自己必须是人

如果说我们要真正做到在教育的目标上以人为本，在教育的方式上人性化，我觉得这里面关键的是教师。你要把学生当人，教师首先自己必须是人，我说的人是指人性丰满的人，人性意义上的优秀的人。这样你才会知道你应该给孩子什么东西，因为你从自己身上就已经体会到了心智生长最重要的东西是什么，你就会给孩子这个东西。而且你的活跃的智力和高贵的心灵本身就会起到榜样的作用，教育不只是知识的传授，更是人性和心灵的熏陶，这种熏陶特别重要，而这就要靠老师。

6 好的体制催生好的老师

接下来的问题是这样的老师从哪里来？我相信很多人都可以成为这样的老师，关键在体制，这就不能不问到体制的问题了。我认为体制就是价值导向，不同的体制是不同的价值导向，一种体制会按照一种价值导向来淘汰不合它要求的人，选拔符合它要求的人。一个好的体制，就应该让这样的真正人性丰满的、心智活跃和心灵高贵的老师成为优胜者，保护和奖励他们。如果这样的话，就会有更多的老师愿意努力成为这样的人。为什么我们的体制必须去行政化？行政化的最大问题就是它的价值导向必定是错的，行政化只能根据教育含量很低的甚至没有教育含量的量化指标和行政手段来裁决教育质量，结果就必然是逆淘汰。

教育即生长

1 教育，是让人的精神能力和禀赋得到生长

我是学哲学的，所以从哲学的角度谈谈对教育即生长的理解。实际上很多大哲学家，他们都关注教育问题，我看过比如说罗素、康德、尼采、杜威，这些大哲学家关于教育的论述。其实他们在这一点上是非常共通的，就是教育即生长。

教育即生长实际上是讲教育的目标应该是什么，这里面包含对人性的理解。我认为每个人来到这个世界上，已经有潜在的人的共同精神属性和精神能力了，那么教育实际上就是让这些精神能力得到很好的生长，这个生长过程本身就是教育，这是教育即生长的一个含义。此外，每个人都有所有人共有的精神能力、精神属性。而且每一个人都是特殊的，都有特殊的禀赋，所以教育即生长又包含教育让每个人的禀赋得到生长的含义。

这样一个理念，实际上反对的是被教育定义的功利目标。杜威特别强调，生长不一定朝着某一个目标前进，你不能给生长另外设定一个目标，如果这样设定目标，比如将来在社会上有成就，如果你设定这些外部的目标，本身这个生长就扭曲了。只要生长得好，它的结果一定是好的。

2 教育，要突出创新和学习能力

现在教育有两个比较突出的问题，第一，是创新和学习能力的问题，创新能力是最重要的生产力之一。五中全会将创新放在五大发展理念的第一位，实际顺应了这个趋势。

那么创新能力到底是一种什么能力？我认为并不存在一种孤立的创新能力，实际上创新能力无非是人的综合素质的体现，其中包括很多因素，如好奇心、想象力、独立思考的能力、探究的兴趣、跨界思考的能力、综合思考的能力等等。但是我们发现恰恰是这些非常重要的因素，其实在现在这样一个体制里面，是受到压制的。可能一个人在应试体制里面打磨得越久，他最可贵的品质被磨损得越厉害。我们可以发现其实从来都是这样，真正会考试的人，以后不一定是有真本事的人，这几乎是一个规律和特点。这个规律在互联网时代会更加鲜明和突出。

因此，在这种情况下，我觉得真的要考虑我们学校教育应该怎么办。我觉得在互联网时代，最大的好处是资源共享，资源整合。一个会自学的人，一个善于自学的人，在这样一个时代，他在互联网中很容易就能找到自己感兴趣的内容。

其实，现在我们很多的教育平台、APP、自媒体平台中都形成了自学者的群体。在互联网的时代，善于自学的人是可以如鱼得水的，成功的机会也很多。

如果说互联网是自学者的天堂，可能对于那些没有自制力、学习能力的人就是一个地狱，当然是很有诱惑力的地狱。我们可以看到，互联网给少数有自学能力的、思维灵活的人提供了这样成功的机会。但我们同时也看到，大量的青少年因为网瘾整天在网上玩游戏，最后就成为了虚拟世界的奴隶，丧失了真实的生活能力。不要说成功，将来谋生都很困难。这个人数也相当多，就像中学生里面，相当一批是这样的人，这个就很可怕。因此在互联网时代善于自学的人会成功，不会自学的人往往会被边缘化甚至淘汰。

我一直认为一切教育本质上都是自我教育，一切学习本质上都是自学。历来只会考试的人，走出学校，不一定有真本事，相反那些有大成就的人，在学校里面往往不是学霸，但一定是善于自学的人。

3 教育，要注重能力的培养

如果一个社会是由本性优秀的人组成，那这个社会就是好社会。从功利的角度看也是这样，教育即生长确定了教育的目标，就是生长本身。另外一点我觉得它确定了教育的重点，就是能力的培养，能力的生长，是认知能力、独立思考能力的生长。人要有一个自由的头脑，不应该放在知识的灌输上。

美育，就是情感教育，情感教育的重点应该是感受能力，情感体验能力的生长，不是具体技艺的培养。

德育，在我看来就是灵魂的教育，它的目标应该是实践的培养。康德说人最重要的能力是实践能力。重点应该放在这里，就是应该培养一个善良高贵的灵魂，而不是灌输一些具体规范，这为教育确定了它的重点应该是什么。

4 学校教育最重要的两点：好老师和自由空间

教育从本质上来说都是自我教育，但我们是不是不需要学校教育了？这其实对学校教育提出了一个要求，就是要改变应试体制。

怎么让学校教育真正回归，对于一般的学生，我们要强调让其养成学习的能力。现在的学校教育考试好的，考分高的学霸是英雄，而另外一些学生可能某一方面很有能力，但往往被边缘化。

教育应该是启发式的、引导式的。如果说教育就是生长，学校教育就是给这个生长提供一个良好的环境，那么什么样的环境是好环境呢？我觉得好环境里面最重要的有两个：一个是好的老师，要让人的精神素质得到好的生长，老师自己就应该是精神素质特别好的人，就应该是热爱生活，有丰富的想象力，有高贵的灵魂的人。另一个要给学生自由的空间，生长是需要有空间的，他要有能够自己去独立学习的空间，其实学习是一件慢的事情，不能那么快。

5 互联网时代，阅读经典尤为重要

现在教育另一个突出的问题是阅读经典与心灵成长。在互联网时代，教育即生长这样一个理念，是不是就过时了？我认为这一点实际上更应被强调。现在大家都在上网，很多人处于永远在线这样一个状态。我想提醒一点，人类创造了互联网，上帝也有它的互联网，我们不能光上人类的互联网，而不上上帝的互联网，把上帝传递的最重要的信息废弃了。上帝的互联网一个是大自然，一个是人类心灵的世界，这两个东西不能分割。大自然孕育人类的心灵，人类的心灵感悟大自然，自古以来就是这样，这样形成了一个超级互联网，因为这个超级互联网的存在，人类才有了哲学、宗教、文学，才有了精神生活的传播。

这个互联网上的高手就是那些经典作家，他们最善于接受上帝的信息，并且通过他们的作品传递给我们，所以我们应该看他们的书，实际上这可以让我们对上帝的信息是什么样有一个概念，并且自己也学会去接收上帝的信息。其实每一个经典作家，他们都建立了一个自媒体，这就是他们的作品。

我们读经典著作，这么多的东西怎么去选择，我觉得这里面有两个前提，一个前提是你必须知道自己要什么，你要有自己的精神目标。另外一个前提是你要知道哪些东西是不能要的，就是你要有鉴赏能力，鉴别能力，实际上确立自己的精神目标，本身就可以通过经典来得到。因此，在这个时代，读经典尤为重要。

教育的使命是传承高贵

1 教育的使命是传承高贵

关于教育的使命，可以说有种种不同的表述。但是，在我看来，无论怎么表述，出发点都应该是对人类生活和个人生活的目标的定位。在谈教育之前，我们首先要确定，对于人类和个人来说，怎样的生活状态是值得追求的。做这个判断当然不是根据某种抽象的理想，因为我们已经拥有几千年的人类文明史，而对某个值得追求的目标的不懈追求是这部文明史中的事实。人类历史上曾经产生过一些伟大人物，无论他们属于哪个民族，共同的目标都是人性的进步，使人性中的高贵成分得到发展，使人类臻于美好和完善。借用《圣经》中的比喻，上帝是按照自己的形象造人的，那么，在自己身上守护上帝的形象，让人的精神性得到印证，便是人的职责。这就是高贵，而高贵是一种精神血脉的传承，教育的使命——使命中的本质部分——即在其中。

2 真正的教育

天生万物，唯独人有能思考真理的头脑，能感受美和崇高的心灵，能追求至善和永恒的灵魂，因为这些精神性的品质，人才成其为万物之灵。为了生存和发展，人需要改变外部世界，从事物质生产，因此积累了实用性的知识。在教育中，知识的学习是一个必要部分。然而，如果脱离人类精神性品质的传承，只是传授实用性知识，这样的教育就是把人引向与万物之灵相反的方向，使之成为万物中平庸的一员，至多是生存技能高超的一个动物罢了，因而不配称作教育，只配称作谋生训练。真正的教育理应使人在知识面前保持头脑的自由，在功利世界面前保持心灵的丰富，在物质力量面前保持灵魂的高贵。

3 教育与培训的不同

培训是以职业为目标的知识传授和技能训练，教育是一个真正的人的形成，精神属性的生长，使人成为人性意义上优秀的人。培训有必要，但如果培训成了教育的全部，真正的教育就不存在了。

4 中学老师是最难当的

基础教育是学校教育的重要阶段，也是最艰难的阶段。怀特海在论述智力发展阶段时指出：小学和大学都以自由为主导，唯有在中学阶段，纪律是主导，自由必须从属于纪律。按照我的理解，自由是顺应兴趣，而纪律是服从必须。在小学阶段，智力教育的重点是激发和培育一般的求知兴趣，在大学阶段，则是根据业已明确的兴趣方向自主地学习。中学阶段的情况却大不相同，不管是否感兴趣，学生必须学习大量基础知识。因此，中学生是最辛苦的，中学老师也是最难当的。当然，没有兴趣的学习是低效率的，而困难正在于如何引导学生对必须学的知识产生兴趣，使纪律成为自由选择的结果。事实上，即使是在学习基础知识的过程中，有三个因素也是具有超越知识本身的价值的，那便是：一、通过文史哲课程的学习受到人文熏陶，拥有丰富的心灵和高贵的情怀；二、通过数理化课程的学习得到思维训练，培养智力活动的兴趣和习惯；三、通过全部课程的综合学习了解人类知识的概貌，犹如在胸中画一张文化地图，为确定个人兴趣方向和今后专业选择提供依据。在我看来，这三种是比知识更重要的目标，而如果它们在教学中得到充分的体现，就能够大大提高学生学习知识的兴趣和效率。

5 大学阶段的自由

在经历了中学的纪律阶段以后，学生在大学进入了自由阶段。但是，这个自由应该是一个饱满的心智在某个知识领域里的尽兴漫游，其前提是对人类知识的一般兴趣和对所学专业的特殊兴趣。一个学生倘若没有这两种兴趣，便与这样的自由无缘。

6 教育必须慢

教育要能够唤醒个人经验，开放创造机遇，就必须慢。世上一切好东西，包括好的器物，好的诗，好的教育，都是在从容的心境下产生的。今日教育的快，实质是急功近利，让学生做的大量事情与教育无关，甚至是教育的反面。

7 关于好生源

衡量大学教育的水平，标准不是招进了什么样的人，而是培养出了什么样的人。我很担心，在大学尤其是名牌大学急功近利的现状下，好生源也会被教坏了。

8 人和人才

问：在您看来，未来社会需要怎样的人才？

答：我们最需要的是人，人才倒在其次。教育是人的成长，是真正的人的形成。背离此，就不会有人才，只会有工具之才。

9 我的教育梦很古老

问：请您描述一下您心中的教育梦。

答：我的教育梦很古老，先秦的诸子百家、古希腊的哲学家学园，就是这样。

10 渺小的目标

你的目标是要让孩子将来进北大、清华？多么渺小的目标啊！

在我看来，今天的哈佛也是太功利了。想一想古希腊吧！

好教师应该具备两种素质

1 教师应该具备两种素质

教师自己是一个热爱智力生活、对知识充满兴趣的人，才能够在学生心中点燃同样的求知热情。教师自己是一个人性丰满、心灵丰富的人，才能够用贴近人性、启迪心灵的方式去教学生。

2 教师的文化底蕴

要在学生心中传承高贵，必须让人们经常目睹高贵，因此一所学校必须拥有相当数量的教师，他们身上真正体现了高贵。他们的作用，一是作为高贵的榜样，对学生发生潜移默化的熏陶，二是在教学中善于把知识的传授和文化的传播结合起来。教师自己应该是一个有文化底蕴的人，不论他教什么课，都能把文化底蕴带入所传授的知识中。事实上，一个没有文化底蕴的教师，他讲课一定是单调刻板的，在知识的传授上也是效果甚差。在这方面，学生是最公正的裁判，他们本能地喜爱有激情和想象力的老师，讨厌照本宣科的教书匠。你自己充满对精神事物的热情，才能在学生身上点燃同样的热情。

3 传承高贵的两个圣殿

有两个传承高贵的圣殿，一是优秀教师的课堂，二是摆满大师作品的图书馆。那些伟大的书籍记录了人类精神追求的传统，通过阅读它们，你就进入了这个传统。所以，一所好的学校，第一要有一批好的教师，第二要给学生留出自由时间，鼓励和引导高质量的课外阅读。其实这两点是互相联系的，一批好教师往往能带出良好的阅读风气，而唯应试是务的学校就必然剥夺学生的自由时间。对于学生来说，后一种情况是灾难，这种灾难在今天已呈普遍之势。倘若有聪明的学生来问我怎么办，我只能说，没有人能够真正阻止你去读那些伟大的书籍，而你一旦从中领悟了高贵的魅力和价值，就会明白一切代价都是值得付出的。

4 教师应该是真正的“读书人”

如果说少年期是养成读书习惯和品位的关键时期，那么，能否让足够的学生拥有青春期的阅读，教师是关键。教师自己首先应该是爱读书、会读书的人，是真正的“读书人”，才能在学校里形成一种风气，把学生也熏染成爱读书、会读书的“读书人”。

5 中学教师要具备两个能力

鉴于基础教育的特点，中学教师应该具备两个重要能力。其一，基础课程横跨文理，科目多，知识量大，因此，中学教师特别要讲究教学艺术，寻求效率的最大化。对于所任的课程，要善于精选学生必须精确而牢固地掌握的关键内容，把这些内容真正讲透，因而不必勉强学生去熟记许多次要的东西。这样的教学技能节省学生的精力，又容易引发学生的兴趣。当然，要取得这样的效果不能单凭方法，教师自己必须相当精通所任的课程，对基本原理能够融会贯通，举一反三。其二，中学教育实质上是通识教育，因此，中学教师应该是一个通识之才，一个某种程度上的“杂家”，有广阔的知识面，这样才能够触类旁通，把所任的课程教得生动活泼，趣味十足。

6 好校长在今天的责任

一个好校长在今天所能做的最好的事，就是让学生对教育弊端怀有警觉，保持内在的自由，同时在教育实践中最大限度地减轻弊端的危害，为学生拓宽外在的自由。

7 是校长，还是厂长、监狱长?

一个学校有一个好校长，带动一批好教师，就一定会是好学校。所以，如果学校办得不好，首先要问责校长。有人说：今天的许多校长其实不是校长，而是厂长，甚至是监狱长。的确如此，在今天的应试体制下，把学生当作无个性的产品来批量生产，当作无人格的囚犯来封闭式管理，这样的学校还少吗？

8 家有小学生

今天有小学生在读的家庭，家长几乎都必须承担起辅导孩子做作业的负担。原因有二，一是作业太多，二是老师把辅导的工作转嫁给了家长，以前何尝有过这种事？

我心目中的好教师

1 智情双修，德才兼备，做一个优秀知识分子

一个人活在世上，不论从事什么职业，第一重要的是做人。对于教师来说，做人更是第一位的，因为教育是精神事业，一个教师精神素质好不好，会直接在教学的态度、内容、方式以及与学生的关系中体现出来。和传授知识相比，教师作为一个人在精神上对学生的影响是更重要的。我们回忆自己的学生时代，最难忘的必是那种具备人格魅力的老师，他们在我们人生早期所给予的启迪和熏陶，其作用之巨大，往往使我们终生受益。

精神素质包括智力、情感、道德，三者缺一不可，教师应该是智情双修、德才兼备的人。因为教师的日常工作是智育，我要强调一下教师的智力素质。教师当然应该是知识分子，而所谓知识分子，就是一辈子热爱智力生活、对知识充满兴趣的人。用这个标准衡量，在我们今日的教师队伍里，知识分子太少了。许多人走出校门、结束了学生生涯之后，就停止学习了，殊不知你现在走进另一个校门、开始了教师生涯，就更应该过一种高水平的智力生活了。如果你自己没有求知的激情，怎么可能在学生心中点燃同样的激情呢？所以，我认为，一个好教师理应把自己定位为知识分子，永远保持学习、思考、钻研的习惯。

2 爱学生，真正把学生当作目的

谈到教师的道德素质，我认为爱学生是最重要的师德。如同罗素所说，一个理想教师的必备品质是具有博大的父母本能，如同父母感觉到自己的孩子是目的一样，感觉到学生是目的。学生的年龄越小，这一点就越重要，因为孩子尚缺乏理性判断和情感自主能力，教师的态度会直接影响到他们对生活和学习的信心。

爱学生当然不是表面的随和，仅仅能和学生打成一片。把学生当作目的，这是对爱学生的实质的准确表述。爱学生的教师，一定会把心思放在学生身上，对学生的成长真正负起责任来。正因为如此，他会为每个学生的进步感到由衷的高兴，同时也感到自豪，视为自己的人生成就。一个教师是否真爱学生，学生心里最清楚，真正爱学生的老师，他一定会受到学生广泛的敬重和喜爱，而我们也就有基本的理由承认他是一个好教师。

3 懂教育，拥有正确的教育理念

教师以教育为职业，按理说都应该是懂教育的，其实不然。一个教师在从事教学工作时，自觉不自觉地都体现了某种教育理念，但有正确与错误之别。尤其在现行教育体制下，如果缺乏独立思考，更可能是错误的。

就单个的教师而言，教育理念不是孤立的东西，也不是抽象的理论，而必定是和他的人生观、价值观有密切联系的，是他的整体精神素质在教学上的体现。说到底，做人和教人在根本上是一致的。一个在人性意义上优秀的教师，他在自己身上就领悟了人性的宝贵，绝不会用压抑和扭曲人性的方式去教学生。相反，那些用这种方式教学生的教师，自己的人性在相当程度上往往是不健全的。在具体的教学中，这种内在的差异几乎是无意识地表现出来的，但是泾渭分明，一目了然。

不过，要自觉地、坚定地拥有正确的教育理念，不能只凭直觉。我认为，一个教师无论教的是什么课程，教育理论都是他的必修课，而且应该在教学生涯中不断重温和深化。在这方面，我建议读一些教育哲学的著作，而不要限于教育学、心理学、教学方法之类，因为教育哲学所探讨的正是教育理念，即教育的根本道理。历史上有许多哲学家写了教育论著，例如洛克、卢梭、康德、杜威、怀特海，他们的教育主张未必一致，但皆深谙人性，各有真知灼见，认真地读一读，一定会有豁然开朗之感。

4 讲究教学艺术，让学生感受到知识的魅力

在教学方法上，我认为最重要的是要让学生感受到知识的魅力，使之对你所教的这门课发生兴趣。兴趣是学习的前提，没有兴趣，就只好靠灌输，其效果如何，当教师的都很清楚。一个学生对某一门课能否发生兴趣，取决于两个因素，一是这个学生的天赋类型，二是任课教师的教学水平。一个好的教师不可能使每个学生都对自己所教的这门课发生强烈兴趣，但可以做到使天赋类型适合的学生发生强烈兴趣，而使多数学生发生一般兴趣。

要取得这样的效果，当然不能单凭方法。实际上，这是对教师的综合智力素质的检验。首先，教师对于自己所任的课程，在基本原理方面要做到融会贯通，能够举一反三。现在教育部门在提倡中小学教师的专业发展，我的看法是，这不应该是要求教师的知识达到相关学科中的专业水平——这是不必要的，也是不可能的——而只应该是在

教学大纲范围内的通晓和熟练，因为中小学教育是基础教育，不是专业教育。其次，基础教育是一种通识教育，中小学教师不论教的是什么课程，都应该是通识之才，有广泛的知识兴趣和人文修养，如此才能把所任课程的教学做得生动活泼，使学生也产生兴趣并易于领会和接受。

5 处理好素质教育和应试教育的关系

现在我要说到今天中小学教师面临的最大难题了。应试体制的硬指标具有迫使教师和学生就范的巨大威力，短期内也无改变的希望，这是一个不可回避的事实。完全不顾应试，显然行不通，学校和家长都不答应。一味顺应乃至迎合，放弃素质教育，则为负责任的教师所不取。不过，我们没有必要陷入这样的两极思维之中。任何体制都不可能把个人的相对自由完全扼杀掉，一个好的教师要善于拓展和运用这个自由，戴着镣铐把舞跳到最好。

我认为，在当今体制下，一个好教师的责任和本事就在于，一方面帮助学生用最少的时间、最有效的方法对付应试，另一方面最大限度地拓展素质教育的空间。这是可以做到的，当然，前提是教师有水平并且肯用心。即使在正常的学习中，教师也应该善于确定知识中必须牢固掌握的要点，避免让学生在次要的细节上耗费大量精力，水平之高低于此立见。可以断定，如果学生牢固掌握了知识的要点，在应试中也不会差到哪里去。现在许多教师仅靠逼迫学生做大量作业来对付应试，其实是最笨也最偷懒的办法，说到底还是水平低并且不负责任。

6 淡泊名利，甘于受冷落

如果一个教师做到了上述几条，无疑就是一个好教师。但是，他很可能会面临一个危险，就是不被现行体制认可，在多数情况下，他的处境往往比那些积极贯彻现行体制的人差。那么，我就要说一说我对一个好教师的最后一条要求了，就是淡泊名利，甘于受冷落。你是凭良心做事，当然就应该不计个人得失。一切凭良心做事的人都有一个信念：良心的评判高于体制的评判。你一定也有这样一个信念的，对吧？

第五辑

培养孩子自我教育的能力

发现的时代

在人的一生中，中学时代是重要的，其重要性往往被估计得不够。这倒也在情理中，因为当局者太懵懂，过来人又太健忘。一个人由童年进入少年，身体和心灵都发生着急剧的变化，造化便借机向他透露了自己的若干秘密。正是在上中学这个年龄，人生中某些本质的东西开始显现在一个人的精神视野之中了。所以，我把中学时代称作人生中一个发现的时代。发现了什么？因为求知欲的觉醒，发现了一个书的世界。因为性的觉醒，发现了一个异性世界。因为自我意识的觉醒，发现了自我也发现了死亡。总之，所发现的是人生画面上最重要的几笔，质言之，可以说就是发现了人生。千万不要看轻中学生，哪怕他好似无忧无虑，愣头愣脑，在他的内部却发生着多么巨大又多么细致的事件。

书的发现

我这一辈子可以算是一个读书人，也就是说，读书成了我的终生职业。我不敢说这样的活法是最好的，因为人在世上毕竟有许多活法，在别的活法的人看来，啃一辈子书本的生活也许很可怜。不过，我相信，一个人不管从事什么职业，如果不读书，他的眼界和心界就不免狭窄。

回想起来，最早使我对书发生兴趣的只是一本普通的儿童读物。那还是在上小学的时候，班里的同学们把自己的书捐出来，凑成了一个小小的书库。我从这个小书库里借了一本书，书名是《铁木儿的故事》，讲一个顽皮男孩的种种恶作剧。这本书让我笑破了肚皮，以至于我再也舍不得与这个可爱的男孩分手了，还书之后仍然念念不忘，终于找一个机会把书偷归了己有。

我声明：后来我没有再偷过书。但是，从此以后，我对书不再是视若不见，而是刮目相看了，我眼中有了一个书的世界，看得懂看不懂的书都会使我眼馋心痒，我相信其中一定藏着一些有趣的东西，等待我去把它们找出来。

当时我家住在离上海图书馆不远的地方，我常常经过那里，但小学生是没有资格进去的，我只能心向往之。小学毕业，拿到了考初中的准考证，凭这个证件就可以到馆内的阅览室看书了，为此我感到非常自豪。记得我借的第一本书是雨果的《悲惨世界》，管理员怀疑地望着我，不相信11岁的孩子能读懂。我的确读不懂，翻了几页，乖乖地还掉了。这一经验给我的打击是严重的，使得我很久不敢再去碰外国名著，直到进了大学才与世界级大师们接上头。

不过，对书的爱好有增无减，并且很早就有了买书的癖好。读初中时，从我家到学校乘车有5站地，由于家境贫寒，父亲每天只给我4分钱的单程车费。我连这钱也舍不得花，总是徒步往返，攒下来去买途中一家旧书店里我看中的某一本书。钱当然攒得极慢，我不得不天天去看那本书是否还在，直到攒够了钱把它买下才松一口气。读高中时，我住校，从家里到学校要乘郊区车，单程票价5角，于是我每周可以得到1元钱的车费了。这使我在买书时有了财大气粗之感，为此每个周末无比愉快地跋涉在十几公里的郊区公路上。

在整个中学时代，我爱书，但并不知道该读什么书。初中时，上海市共青团在中学生中举办“红旗奖章读书运动”，我年年都是获奖者。学校团委因此让我写体会，登在黑板报上。我写了我的读书经历，叙述我的兴趣如何由童话和民间故事转向侦探小说，又如何转向《苦菜花》《青春之歌》等中国当代长篇小说。现在想来觉得好笑，那算什么读书经历呢。进入高中后，我仍然不曾读过任何真正重要的书，基本上是在粗浅的知识性读物中探索。在盲目而又强烈的求知欲驱使下，有一阵我竟然认真地读起了词典，边读边把我觉得有用的词条抄在笔记簿上。我在中学时代的读书收获肯定不在于某一本书对于我的具体影响，而在于养成了读书的习惯。从那时开始，我已经把功课看得很次要，而把更多的时间用来读课外书。这部分地要归功于我读高中的上海中学，那是一所学习气氛颇浓的学校，阅览室的墙上贴着高尔基的一句语录："我扑在书本上，就像饥饿的人扑在面包上一样。"这句话对于当时的我独具魔力，非常贴切地表达了一个饥不择食的少年人的心情和状态。我也十分感谢那时候的《中国青年报》，它常常刊登一些伟人的励志名言，向我的旺盛的求知欲里注进了一股坚韧的毅力。

在中学时，我的功课在班里始终是名列前茅的，但不是那种受宠的学生。初中二年级，只是因为大多数同学到了年龄，退出了少先队，而我的年龄偏小，才当上了一回中队长。这是我此生官运的顶峰。高中一直是班上的数学课代表，仅此而已。看来当时心中是有不平的，证明人皆不能免俗。说到数学课代表，还有一段"轶事"。因为我的数学成绩好，高中临毕业，当全班只有我一人宣布报考文科时，便在素有重理轻文传统的上海中学爆出了一个冷门，引得人们议论纷纷。当时我悄悄赋诗曰："师生纷纭怪投文，抱负不欲众人闻。"其实我哪里有什么明确的

“抱负”，只是读的书杂了，就不甘心只向理工科的某一个门类发展了，总觉得还有更加广阔的知识天地在等着我去驰骋。最后我选择了哲学这门众学之学，起作用的正是这样一种不愿受某个专业限制的自由欲求。

性的发现

上课时，坐在第一排的那个小男生不停地回头，去看后几排的一个大女生。大女生有一张白皙丰满的脸蛋，穿一件绿花衣服。小男生觉得她楚楚动人，一开始是不自觉地要回头去看，后来却有些故意了，甚至想要让她知道自己的“情意”。她真的知道了，每接触小男生的目光，白皙的脸蛋上便会泛起红晕。这时候，小男生心中就涌起一种甜蜜的欢喜。

那个小男生就是我。那是读初中的时候，我不知不觉地开始注意起了班上的女生。我在班上年龄最小，长得又瘦弱，现在想来，班上那些大女生们都不会把我这个小不点儿放在眼里。可是，殊不知小不点儿已经情窦初开心怀鬼胎了。我甚至相信自己已经爱上了那个穿绿花衣服的女生。然而，一下了课，我却始终没有勇气去接近这个上课时我敢于对之频送秋波的人。有一次下厂劳动，我们分在同一个车间，我使劲跟别的同学唇枪舌剑，想用我的机智吸引她的注意，但就是不敢直接与她搭话。班上一个男生是她的邻居，平时敢随意与她说话，这使我对这个比我年长的男生既佩服又嫉妒。后来，在一次家长会上，我看见了绿衣女生的母亲，那是一个男人模样的老丑女人。这个发现使我有了幻想破灭之感，我对绿衣女生的暗恋一下子冷却了。

当时我并不知道，我对女孩子的白日梦式的恋慕只是一种前兆，是预告身体里的风暴即将来临的一片美丽的霞光。男孩子的性觉醒是一个充满痛苦的过程。面对汹涌而至锐不可挡的欲望之潮，男孩子是多么孤独无助。大约从13岁开始，艰苦而漫长的搏斗在我的身上拉开了序幕，带给我的是无数个失眠之夜。没有人告诉我发生了什么，应该怎么办。我到书店里偷偷地翻看生理卫生常识一类的书，每一次离开时都带回了更深的懊悔和自责。我的亲身经验告诉我，处在讨人嫌的年龄上的男孩子其实是多么需要亲切的帮助和指导。

我是带着秘密的苦闷进入高中的，这种苦闷使我的性格变得内向而敏感。在整个高中时期，我像苦行僧一样鞭策自己刻苦学习，而对女孩子仿佛完全不去注意了。班上一些男生和女生喜欢互相打闹，我见了便十分反感。有一回，他们又在玩闹，一个女生在黑板上写了一串我的名字，然后走到座位旁拍我的脑袋，我竟然立即板起了脸。事实上，我心里一直比较喜欢这个机灵的女生，而她的举动其实也是对我友好的表示，可是我就是如此不近情理。

我还利用我主持的黑板报抨击班上男女生之间的“调情”现象。记得有一则杂感是这样写的：“有的男生喜欢说你们女生怎么样怎么样，有的女生喜欢说你们男生怎么样怎么样，这样的男生和女生都不怎么样。”我的古板给我赢得了一个“小老头儿”的绰号。

现在我分析，当时我实际上是处在性心理的自发的调整时期。为了不让肉欲的觉醒损害异性的诗意，我便不自觉地远离异性，在我和她们之间建立了一道屏障。这个调整时期一直延续到进大学以后，在我18岁那一年，我终于可以坦然地写诗讴歌美丽的女性和爱情了。

死的发现

我相信，每一个人在生命的早期必定会有那样一个时刻，突然发现了死亡。在此之前，虽然已经知道了世上有死这种现象，对之有所耳闻甚至目睹，但总觉得那仅仅与死者有关，并未与自己联系起来。可是，迟早有一天，一个人将确凿无疑地知道自己也是不可避免地会死的。这一发现是一种极其痛苦的内心经验，宛如发生了一场看不见的地震。从此以后，一个人就开始了对人生意义的追问和思考。

小时候，我经历过外祖父的死，刚出生的最小的妹妹的死，不过那时候我对死没有切身之感，死只是一个在我之外的现象。我也感到恐惧，但所恐惧的其实并不是死，而是死人。在终于明白死是一件与我直接有关、也属于我的事情之前，也许有一个逐渐模糊地意识到、同时又怀疑和抗拒的过程。小学高年级时，上卫生常识课，老师把人体解剖图挂在墙上，用教鞭指点着讲解。我记得很清楚，当时我脑中盘旋着的想法是：不，我身体里一定没有这些乱糟糟的东西，所以我是不会死的！这个抗辩的呼声表明，当时我已经开始意识到了死与我的可怕联系，所以要极力否认。

当然，否认不可能持续太久，至少在初中时，我已经知道我必将死亡是一个无可否认的事实了。从那时起，我便常常会在深夜醒来，想到人生的无常和死后的虚无，感到不可思议，感到绝望。上历史课时，有一回，老师给我们讲释迦牟尼成佛的故事，我感动得流了眼泪。在我的想象中，佛祖是一个和我一样的男孩，他和我一样为人的生老病死而悲哀，我多情地相信如果生在同时，我必是他的知己。

少年时代，我始终体弱多病，这更加重了我性格中的忧郁成分。从那时留下的诗歌习作中，我发现了这样的句子："一夕可尽千年梦，直对人世说无常。""无疾不知有疾苦，旷世雄心会入土。"当时我还不可能对生与死的问题作深入的哲学思考，但是，回过头看，我不得不承认，我后来关注人生的哲学之路的源头已经潜藏在少年时代的忧思中了。

“我”的发现

在我上中学的年代，学校里非常重视集体主义的教育，个人主义则总是遭到最严厉的批评。按照当时的宣传，个人没有任何独立的价值，其全部价值就是成为集体里的积极分子，为集体做好事。在这样的氛围里，一个少年人的自我意识是很难觉醒的。我也和大家一样，很在乎在这方面受到的表扬或批评。但是，我相信意识有表层和深层的区别，两者不是一回事。在深层的意识中，我的“自我”仍在悄悄地觉醒，而且恰恰是因为受了集体的刺激。

那是读初中的时候，为了强化学生的集体观念，老师按家庭住址给学生划片。每个片的男生和女生各组织成一个课外小组。当然，每个学生都必须参加自己那个小组的活动。在我的印象中，课外小组的活动是一连串不折不扣的噩梦。也许因为我当时身体瘦弱，性格内向，组里的男生专爱欺负我。每到活动日，我差不多是怀着赴难的悲痛，噙着眼泪走向作为活动地点的同学家里的。我知道，等待着我的必是又一场恶作剧。我记得最清晰的一次，是班上一个女生奉命前来教我们做手工，组内的男生们故意锁上门不让她进来，而我终于看不下去了，去把门打开。

那个女生离去后，大家就群起而耻笑我，并且把我按倒在地上，逼我交代我与那个女生是什么关系。

受了欺负以后，我从不向人诉说。我压根儿没想到要向父母或者老师告状。我的内心在生长起一种信念，我对自己说，我与这些男生是不一样的人，我必定比他们有出息，我要让他们看到这一天。事实上我是憋着一股暗劲，那时候我把这称作志气，它成了激励我发奋学习的主要动力。后来，我的确是班上各门功课最优秀的学生，因此而屡屡受到老师们的夸奖，也逐渐赢得了同学们的钦慕，甚至过去最爱惹我的一个男生也对我表示友好了。

当然，严格地说，这还算不上对自我价值的发现，其中掺杂了太多的虚荣心和功利心。不过，除此之外，我当时的发奋也还有另一种因素起作用，就是意识到了我的生命的有限和宝贵，我要对这不可重复的生命负责。在后来的人生阶段中，这一因素越来越占据了主导地位，终于使我能够比较地超脱功利而坚持走自己的路。我相信，对自己的生命负责是最基本的责任心，一个对自己的生命尚且不负责的人是绝不可能对他人、对民族、对世界负责的。可是，即使在今天的学校教育中，这仍然是一个多么陌生的观念。

在我身上，自我意识的觉醒还伴随着一个现象，就是逐渐养成了写日记的习惯。一开始是断断续续的，从高中一年级起，便每天都记，乐此不疲，在我的生活中成了比一切功课重要无数倍的真正的主课。日记的存在使我觉得，我的生命中的每一个日子没有白白流失，它们将以某种方式永远与我相伴。写日记还使我有机会经常与自己交谈，而一个人的灵魂正是在这样的交谈中日益丰富而完整的。我对写日记的热情一直保持到大学四年级，在“文革”中被暂时扑灭，并且还毁掉了多年来写的全部日记。我为此感到无比心痛，但是我相信，外在的变故并不能夺去我的灵魂从过去写日记中所取得的收获。

自我教育的能力

每个人与生俱来就有潜在的心智能力，教育是这个能力的生长。如果一个教育体制是好的，好就好在为生长提供了自由而又富有激励因素的环境。人是要一辈子学习的，学校教育只是为一辈子的学习打基础，这个基础就是一种快乐而自主地学习的能力，质言之，就是自我教育的能力。有没有这个能力大不一样，那些走出校门后大有作为的人，未必是上学时各门功课皆优的“好学生”，但一定是能够按照自己的兴趣安排自己的学习的“自我教育者”。

自我教育的目标不只是获取知识，事业有成，也是熏陶心灵，丰满人性。因此，不管你的志趣偏向文理哪一科，都要养成两个习惯，一是阅读，二是写日记。阅读是与历史上的伟大灵魂交谈，借此把人类创造的精神财富“占为己有”。写日记是与自己的灵魂交谈，借此把外在的经历转变成内在的财富。人生有两个朋友不可缺，一个是你自己，一个是活在好书里的那些伟大灵魂，有了这两个朋友，你会发现你是多么强大而富有。

教育的目标，第一是要让学生喜欢学习，对知识充满兴趣；第二要让学生善于学习，在知识面前拥有自由。一个学生在总体上对人类知识怀有热烈的希望和浓厚的兴趣，又能够按照自己的兴趣方向来安排自己的学习，既有积极的动力，又有合理的方法，他就是一个智力素质高的学生。这样的学生，日后一定会自己不断地去拓展知识的范围，并朝某一个方向纵深发展。

我对今天的学生说：你所学到的一切，将来都会用得上的——除了为应试死记硬背的知识。我的意思是说，你在学习上第一要自己做主，第二要放松心态，真正学到一点东西，而不去问它们是否有用。凡真正学到了的东西，一定会有用的。为应试死记硬背的知识，当然不是你真正学到的东西。

用好天赋，不去管它的大小

1 一个人的悟性是天生的

我倾向于认为，一个人的悟性是天生的，有就是有，没有就是没有，它可以被唤醒，但无法从外面灌输进去。关于这一点，我的一位朋友有一种十分巧妙的说法，大意是：在生命的轮回中，每一个人仿佛在前世修到了一定的年级，因此不同的人投胎到这个世界上来的时候已经是站在不同的起点上了。已经达到大学程度的人，你无法让他安于读小学，就像只具备小学程度的人，你无法让他胜任上大学一样。

2 人是有种的不同的

人是有种的不同的。当然，种也有运气的问题，是这个种，未必能够成这个材。有一些人，如果获得了适当的机遇，完全可能成就为异常之材，成为大文豪、大政治家、大军事家、大企业家等等，但事实上是默默无闻地度过了一生。譬如说，我们没有理由不设想，在古往今来无数没有机会受教育的人之中，会有一些极好的读书种子遭到了扼杀。另一方面呢，如果不是这个种，那么，不论运气多么好，仍然不能成这个材。对于这一层道理，只要看一看现在的许多职业读书人，难道还不明白吗？

打一个不确切的比喻：商品的价值取决于必要劳动时间，价格则随市场行情浮动。与此同理，上帝造人——说人的自我塑造也一样——也是倾注了不等的时间和心血的，而价值的实现则受机遇支配。所以，世有被埋没的英雄，也有发迹的小丑。

但是，被埋没的英雄终究是英雄，发迹的小丑也终究是小丑。

3 不存在完全的弱智儿

上帝赋予每个人的能力的总量也许是一个常数，一个人在某一方面过了头，在另一方面就有欠缺。因此，一个通常意义上的弱智儿往往是某个非常方面的天才。也因此，并不存在完全的弱智儿，就像并不存在完全的超常儿一样。

4 最大限度地实现你的潜能

世界是大海，每个人是一只容量基本确定的碗，他的幸福便是碗里所盛的海水。我看见许多可怜的小碗在海里拼命翻腾，为的是舀到更多的水，而那为数不多的大碗则很少动作，看去几乎是静止的。

人很难估量自己天赋的大小，因为当你的潜能尚未实现时，你自己是不知道的。那么，管它是大是小，干脆不要去估量。你可以做到的是逐渐认清自己天赋的类型，朝那个方向努力，把它用好，让它开花结果。只要你这样做，就能最大限度地实现你的潜能。遗憾的是，人们往往受环境和风尚的支配，在错误的方向上折腾，结果就把自己天赋总量中的一大部分荒废掉了。

把弱点当作根据地

我常用一句话勉励自己：把弱点当作根据地。我不擅交际？好吧，我就少去交际的场合吧，正好把时间节省下来多读点书。我太敏感？好吧，我就捕捉住心灵里的各种细微的情绪，把它们记录下来吧，于是有了诗的创作。我从小为必有一死而痛苦？好吧，我就直面这个痛苦吧，一定要把生死的道理想明白，不知不觉走上了哲学的道路。弱点是限制，而限制有一个好处，就是给你的力量规定了使用的渠道，就像河岸给溪流规定了奔涌的渠道，而这本身就已经是在突破限制了。

所谓弱点，是用社会的眼光衡量的，许多这样的弱点，用文学的眼光衡量却是优点。敏感就是如此。不论哪一代的青少年里必有一些格外敏感的心灵，情感世界的一阵小风会使之颤栗，一场小雨点会留下深深的印记。和同龄人相比，他们有许多隐秘的欢乐，同时有更多隐秘的痛苦。你说他们太经不住风雨？不是的，正因为存在这样的心灵，情感世界的风雨才有了价值，没有浪费在无声无息之中，而是催放出了诗的花朵。

每一个人的长处和短处是同一枚钱币的两面，就看你把哪一面翻了出来。换一种说法，就每一个人的潜质而言，本无所谓短长，短长是运用的结果，用得好就是长处，用得不好就成了短处。

要做自己的性格的主人，不要做自己的性格的奴隶。一个人做了自己的性格的主人，也就是尽可能地做了自己的命运的主人。

一个人的性格的所谓优点和缺点是紧密相连的，是一枚钱币的两面，消除了其中一面，另一面也就不存在了。所以，在享受性格之利的同时，承受性格之弊，乃是题中应有之义，只需把这个弊限制在适当的范围内就可以了。

如何限制？就是发扬性格本身的长处，抑制短处的真正力量在此。

一个人不应该致力于改变自己的性格，最好的办法是扬长避短，把长处发扬到极致，短处就不足为害了。

事实上，在相同性格类型的人里面，都既有成大事者，也有一事无成者，原因多半在此。

在人身上，弱点与尊严并非不相容的，也许尊严更多地体现在对必不可免的弱点的承受上。

我对人类弱点怀有如此温柔的同情，远远超过对优点的钦佩，那些有着明显弱点的人更使我感到亲切。

一个太好的女人，我是配不上的，她也不需要我，因为她有天堂等着她。可是，突然发现她有弱点，有致命的会把她送往地狱的弱点，我就依恋她了。我要守在地狱的门前，阻止她进去。

人皆有弱点，有弱点才会是真实的人性。那种自己认为没有弱点的人，一定是浅薄的人。那种众人认为没有弱点的人，多半是虚伪的人。

人生皆有缺憾，有缺憾才是真实的人生。那种看不见人生缺憾的人，或者是幼稚的，或者是麻木的，或者是自欺的。

正是在弱点和缺憾中，在对弱点的宽容和对缺憾的接受中，人才能幸福地生活着。

第六辑

开展生命教育的重要性

保持生命的单纯

人来到世上，首先是一个生命，生命是每个人最宝贵的东西，这似乎是一个人人都懂的道理。可是，进入到实际的生活中，人们似乎不记得这个道理了。许多时候，人们不是作为生命在活，而是作为欲望、野心、身份、称谓在活，不是为了生命在活，而是为了财富、权力、地位、名声在活。这些社会的堆积物遮蔽了生命，人们把它们看得比生命更重要，为之耗费了一生的精力。

那么，请允许我说：生命的真理是——单纯。生命原本是单纯的，应该是单纯的。作为自然之子，生命的需要原是简单的，无非是与自然和谐相处，健康，安全，以及爱情、亲情等自然情感的满足。复杂，是对生命的真理的背离。人间的各种争斗，人生的诸多烦恼，都因这个背离而起。

生活在今天这个时代，我希望你们保持清醒，不被时代的风气绑架。你们要经常向自己的内部倾听，听一听自己的生命在说什么，想一想自己的生命真正需要什么。

当然，你们处在生命的早期，对人生满怀激情和幻想，渴望卓越和辉煌。你们尽可以去创造种种不平凡，但是请记住，一切不平凡都要回归平凡，平凡生活构成了生命的永恒核心。你们也尽可以去争取成功，但是请记住，倘若成功使你们的内心和生活都变得过于复杂，失去了生命的单纯，这个成功实际上是失败。

茫茫宇宙间，每个人都只有一次生命，都是一个独一无二、不可重复的存在。名声、财产、地位等等是身外之物，人人可求而得之，但是没有人能够代替你再活一次。意识到了这一点，你就会明白，在如何活的问题上，你必须自己做主，盲从舆论和习俗是最大的不负责任。在人世间的一切责任中，最根本的责任是对你自己的人生负责，真正成为你自己，活出你独特的个性和价值来。

珍爱生命

生命是我们最珍爱的东西，它是我们所拥有的一切的前提，失去了它，我们就失去了一切。生命又是我们最易忽略的东西，我们对于自己拥有它实在太习以为常了，而一切习惯了的东西都容易被我们忘记。因此，人们在道理上都知道生命的宝贵，实际上却常常做一些损害生命的事情：抽烟，酗酒，纵欲，不讲卫生，超负荷工作，等等。因此，人们为虚名浮利而忙碌，却舍不得花时间来让生命本身感到愉快，来做一些实现生命本身的价值的事情。

往往是当我们的生命真正受到威胁的时候，我们才幡然醒悟，生命的不可替代的价值才凸现在我们的眼前。但是，有时候醒悟已经为时太晚，损失已经不可挽回。

我们应该时时想到，每一个人对于自己的生命，第一有爱护它的责任，第二有享受它的权利。这两方面是统一的。在我看来，世上有两种人对自己的生命最不知爱护也不善享受，其一是工作狂，其二是纵欲者，他们其实是在以不同的方式透支和榨取生命。

生命是最基本的价值

生命是最基本的价值。一个最简单的事实是，每个人只有一条命。在无限的时空中，再也不会有同样的机会，所有因素都恰好组合在一起，来产生这个特定的个体了。一旦失去了生命，没有人能够活第二次。同时，生命又是人生其他一切价值的前提，没有了生命，其他一切都无从谈起。

由此得出的一个当然的结论是，对于每一个人来说，生命是最珍贵的。因此，对于自己的生命，我们当知珍惜；对于他人的生命，我们当知关爱。

上述道理似乎是不言而喻的。可是，仔细想一想，我们真的珍惜自己的生命和关爱他人的生命了吗？有些人一辈子只把自己当作了赚钱或赚取其他利益的机器，何尝把自己当作生命来珍惜。有些人更是只用利害关系的眼光估量一切他人的价值，何尝有过一个生命对其他一切生命的深切关爱的体验。

所以，在我看来，生命的价值仍是一个需要启蒙的话题。

感受生命的奇迹

生命是宇宙间的奇迹，它的来源神秘莫测。按照自然科学的假说，它是地球上物质化学反应的产物，或者是外星的来客。按照基督教的信仰，它是上帝的创造。在生命起源的问题上，我们只有假说和信仰。情况恐怕只能如此，宇宙间自有人类理性不可解开的秘密。

不过，在我看来，生命究竟是自然的产物，还是上帝的创造，这并不重要。重要的是用你的心去感受这奇迹。于是，你要懂得欣赏大自然中的生命现象，用它们的千姿百态丰富你的心胸。于是，你便会善待一切生命，从每一个素不相识的人，到一头羚羊，一只昆虫，一棵树，从心底里产生万物同源的亲近感。于是，你便会怀有一种敬畏之心，敬畏生命，也敬畏创造生命的造物主，不管人们把它称作神还是大自然。

倾听生命自身的声音

生命原是人的最珍贵的价值。可是，在当今的时代，其他种种次要的价值取代生命成了人生的主要目标乃至唯一目标，人们耗尽毕生精力追逐金钱、权力、名声、地位等等，从来不问一下这些东西是否使生命获得了真正的满足，生命真正的需要是什么。

生命原是一个内容丰富的组合体，包含着多种多样的需要、能力、冲动，其中每一种都有独立的存在价值，都应该得到实现和满足。可是，现实的情形是，多少人的内在潜能没有得到开发，他们把生命早早地纳入了一条狭窄而固定的轨道，并且以同样的方式把自己的子女也培养成片面的人。

我们不可避免地生活在一个功利的世界上，人人必须为生存而奋斗，这一点决定了生命本身的要求在一定程度上遭到忽视的必然性。然而，我们可以也应当减小这个程度，为生命争取尽可能大的空间。

在市声尘嚣之中，生命的声音已经久被遮蔽，无人理会。现在，让我们都安静下来，每个人都向自己身体和心灵的内部倾听，听一听自己的生命在说什么，想一想自己的生命究竟需要什么。

不失性命之情

在中国传统哲学中，最重视生命价值的学派应是道家。《淮南王书》把这方面的思想概括为“全性保真，不以物累形”，庄子也一再强调要“不失其性命之情”、“任其性命之情”，相反的情形则是“丧己于物，失性于俗者，谓之倒置之民”。

很显然，在庄子看来，物欲与生命是相敌对的，被物欲控制住的人是与生命的本性背道而驰的，因而是颠倒的人。

自然赋予人的一切生命欲望皆无罪，禁欲主义最没有道理。我们既然拥有了生命，当然有权享受它。但是，生命欲望和物欲是两回事。一方面，生命本身对于物质资料的需要是有限的，物欲绝非生命本身之需，而是社会刺激起来的。另一方面，生命享受的疆域无比宽广，相比之下，物欲的满足就太狭窄了。因此，那些只把生命用来追求物质的人，实际上既怠慢了自己生命的真正需要，也剥夺了自己生命享受的广阔疆域。

生命质量的两个基本要素

衡量一个人生命质量的高低，可以有许多标准。在一切标准之中，我始终不放过两个最重要的标准，一是看他有无健康的生命本能，二是看他有无崇高的精神追求。在我看来，这是生命质量的两个基本要素。没有健康的生命本能，萎靡不振，表明生命质量低下。没有崇高的精神追求，随波逐流，也表明生命质量低下。

我所说的健康的生命本能，不是医学意义上的健康或不生病，而是指一种内在的活力，生命力的旺盛和坚韧，对生命的热爱。这种品质与身体好坏没有直接关系，在一些多病甚至残疾的人身上也可见到。相反，有些体格强壮的人，内在的生命力却可能十分乏弱。

这两个要素其实是密切关联、互相依存的，生命本能若无精神的目标是盲目的，精神追求若无本能的发动是空洞的。它们的关系犹如土壤和阳光，一株植物唯有既扎根于肥沃的土壤，又沐浴着充足的阳光，才能茁壮地成长。

生命观与人生意义

最近有一所学校开展生命教育，让我题词，我写了三句话：热爱生命是幸福之源，同情生命是道德之本，敬畏生命是信仰之端。

这三句话，表达了我对生命观与人生意义之关系的看法。人生的意义，在世俗层次上即幸福，在社会层次上即道德，在超越层次上即信仰，皆取决于对生命的态度。

幸福是对生命的享受，对生命种种美好经历的体验，当然要以热爱生命为前提。哀莫大于心死，一个人内在生命力枯竭，就不会再有什么事情能使他感到幸福了。

孟子说："恻隐之心，仁之端也。"亚当·斯密说：同情是道德的根源，由之产生两种基本美德，即正义和仁慈。可见中西大哲皆认为，道德是建立在生命与生命的互相同情之基础上的。同样，道德之沦丧，起于同情心之死灭。

基督教相信生命来自神，佛教不杀生。其实，不必信某一宗教，面对生命的奇迹，敬畏之心油然而生是最自然而然的事情。泰戈尔说：“我的主，你的世纪，一个接着一个，来完成一朵小小的野花。”这已经就是信仰了。相反，对生命毫无敬畏之心的人，必与信仰无缘。

开展生命教育的迫切性

当今社会上，许多人对生命抱冷漠的态度，苛待和残害生命的现象相当严重。举其显著者，例如：医院认钱不认人，见死不救，恶性医疗事故屡有发生，医疗腐败之所以最遭痛恨，正是因为直接威胁了广大人群生命的权利；矿难频繁，贪官和不法矿主互相勾结，为牟取暴利而置工人的生命于不顾；假药、伪劣食品横行，非法美容业猖獗，不断造成损害性后果；某些执法者、准执法者乃至非执法者滥用私刑，草菅人命；交通肇事者扔下受害人逃逸，甚至故意拖、轧受害人致死；翻开报纸，几乎每天都有凶杀案的报道，其中一些作案缘由之微小与一条命的价值惊人地不相称。

尤其令人担忧的是，冷漠的病菌也侵蚀了孩子们的心灵，校园暴力、青少年凶杀犯罪的案例明显增多。与此同时，孩子们对自己的生命也不知珍惜，中学生、大学生、研究生自杀成了多发现象。

当然，上述现象的原因是复杂的，不能单靠教育来解决。但是，也不能缺少教育。有必要把生命教育作为公民教育的重要内容，从孩子开始，培育生命尊严的意识，善待自己的生命，也善待一切生命。

第七辑

人的高贵在于灵魂

成功的真谛

1 追求精神上的富有

在通常意义上，成功指一个人凭自己的能力做出了一番成就，并且这成就获得了社会的承认。成功的标志，说穿了，无非是名声、地位和金钱。这个意义上的成功当然也是好东西。世上有人淡泊于名利，但没有人会愿意自己彻底穷困潦倒，成为实际生活中的失败者。歌德曾说：“勋章和头衔能使人在倾轧中免遭挨打。”据我的体会，一个人即使相当超脱，某种程度的成功也仍然是好事，对于超脱不但无害反而有所助益。当你在广泛的范围里得到了社会的承认，你就更不必在乎在你所隶属的小环境里的遭遇了。众所周知，小环境里往往充满短兵相接的琐屑的利益之争，而你因为你的成功便仿佛站在了天地比较开阔的高处，可以俯视从而以此方式摆脱这类渺小的斗争。

但是，这样的俯视毕竟还是站得比较低的，只不过是恃大利而弃小利罢了，仍未脱利益的计算。真正站得高的人应该能够站到世间一切成功的上方俯视成功本身。一个人能否做出被社会承认的成就，并不完全取决于才能，起作用的还有环境和机遇等外部因素，有时候这些外部因素甚至起决定性作用。单凭这一点，就有理由不以成败论英雄。我曾经在边远省份的一个小县生活了将近十年，如果不是大环境发生变化，也许会在那里“埋没”终生。我尝自问，倘真如此，我便比现在的我差许多吗？我不相信。当然，我肯定不会有现在的所谓成就和名声，但只要我精神上足够富有，我就一定会以另一种方式收获自己的果实。成功是一个社会概念，一个直接面对上帝和自己的人是不会太看重它的。

2 有自己真正喜欢做的事

我的意思是说，成功不是衡量人生价值的最高标准，比成功更重要的是，一个人要拥有内在的丰富，有自己的真性情和真兴趣，有自己真正喜欢做的事。只要你有自己真正喜欢做的事，你就在任何情况下都会感到充实和踏实。那些仅仅追求外在成功的人实际上是没有自己真正喜欢做的事的，他们真正喜欢的只是名利，一旦在名利场上受挫，内在的空虚就暴露无遗。照我的理解，把自己真正喜欢做的事做好，尽量做得完美，让自己满意，这才是成功的真谛，如此感到的喜悦才是不掺杂功利考虑的纯粹的成功之喜悦。当一个母亲生育了一个可爱的小生命，一个诗人写出了一首美妙的诗，所感觉到的就是这种纯粹的喜悦。当然，这个意义上的成功已经超越于社会的评价，而人生最珍贵的价值和最美好的享受恰恰就寓于这样的成功之中。

成功是优秀的副产品

在确定自己的人生目标时，“成功”一词出现的频率最高。人人都向往成功，没有人愿意自己一生事业无成，碌碌无为，这无可非议。但是，把成功作为首选，却是值得商榷的。我认为，首要的目标应该是优秀，其次才是成功。

所谓优秀，是指一个人的内在品质，有高尚的人格和真正的才学。一个优秀的人，即使他在名利场上不成功，他仍能有充实的心灵生活，他的人生仍是充满意义的。相反，一个平庸的人，即使他在名利场上风光十足，他也只是在混日子，至多是混得好一些罢了。

事实上，一个人倘若真正优秀，而时代又不是非常糟，他获得成功的机会还是相当大的。即使生不逢辰，或者运气不佳，也多能在身后得到承认。优秀者的成功往往是大成功，远非那些追名逐利之辈的渺小成功可比。人类历史上一切伟大的成功者都出自精神上优秀的人之中，不管在哪一个领域，包括创造财富的领域，做成伟大事业的绝非钻营之徒，而必是拥有伟大人格和智慧的人。

一个人能否成为优秀的人，基本上是可以自己做主的，能否在社会上获得成功，则在相当程度上要靠运气。所以，应该把成功看作优秀的副产品，不妨在优秀的基础上争取它，得到了最好，得不到也没什么。在根本的意义上，作为一个人，优秀就已经是成功。

比成功更重要的

1 成功与失败的划分

最基本的划分不是成功与失败，而是以伟大的成功和伟大的失败为一方，以渺小的成功和渺小的失败为另一方。

在上帝眼里，伟大的失败也是成功，渺小的成功也是失败。

2 伟大的人超越于历史之外

有一些渺小的人获得了虚假的成功，他们的成功很快就被历史遗忘了。有一些伟大的人获得了真实的成功，他们的成功被历史永远记住了。但是，我知道，还有许多优秀的人，他们完全淡然于成功，最后也确实与成功无缘。对于这些人，历史既没有记住他们，也没有遗忘他们，他们是超越于历史之外的。

3 人生即事业

对于我来说，人生即事业，除了人生，我别无事业。我的事业就是要穷尽人生的一切可能性。这是一个肯定无望但极有诱惑力的事业。

4 没有任何野心

我的野心是要证明一个没有野心的人也能得到所谓成功。

不过，我必须立即承认，这只是我即兴想到的一句俏皮话，其实我连这样的野心也没有。

5 成功带来的便利

我的“成功”（被社会承认，所谓名声）给我带来的最大便利是可以相对超脱于我所隶属的小环境及其凡人琐事，无需再为许多合理的然而琐屑的权利去进行渺小的斗争。那些东西，人们因为你的“成功”而愿意或不愿意地给你了，不给也无所谓了。

6 追求成功是为了蔑视成功

有一种人追求成功，只是为了能居高临下地蔑视成功。

成功是一个社会概念，一个直接面对上帝和自己的人是不会太看重它的。

对自己的人生负责

我们活在世上，不免要承担各种责任，小至对家庭、亲戚、朋友，对自己的职务，大至对国家和社会。这些责任多半是应该承担的。不过，我们不要忘记，除此之外，我们还有一项根本的责任，便是对自己的人生负责。

每个人在世上都只有活一次的机会，没有任何人能够代替他重新活一次。如果这唯一的一次人生虚度了，也没有任何人能够真正安慰他。认识到这一点，我们对自己的人生怎么能不产生强烈的责任心呢？在某种意义上，人世间各种其他的责任都是可以分担和转让的，唯有对自己的人生的责任，每个人都只能完全由自己来承担，一丝一毫依靠不了别人。

不止于此，我还要说，对自己的人生的责任心是其余一切责任心的根源。一个人唯有对自己的人生负责，建立了真正属于自己的人生目标和生活信念，他才能由之出发，自觉地选择和承担起对他人和社会的责任。正如歌德所说："责任就是对自己要求去做的事情有一种爱。"因为这种爱，所以尽责本身就成了生命意义的一种实现，就能从中获得心灵的满足。相反，我不能想象，一个不爱人生的人怎么会爱他人和爱事业，一个在人生中随波逐流的人怎么会坚定地负起生活中的责任。实际情况往往是，这样的人把尽责不是看作从外面加给他的负担而勉强承受，便是看作纯粹的付出而索求回报。

一个不知对自己的人生负有什么责任的人，他甚至无法弄清他在世界上的责任是什么。有一位小姐向托尔斯泰请教，为了尽到对人类的责任，她应该做些什么。托尔斯泰听了非常反感，因此想到：人们为之受苦的巨大灾难就在于没有自己的信念，却要做出按照某种信念生活的样子。当然，这样的信念只能是空洞的。这是一种情况。更常见的情况是，许多人对责任的关心确实是完全被动的，他们之所以把一些做法视为自己的责任，不是出于自觉的选择，而是由于习惯、时尚、舆论等原因。譬如说，有的人把偶然却又长期的某一职业当作自己的责任，从不尝试去拥有真正适合自己本性的事业。有的人看见别人发财和挥霍，便觉得自己也有责任拼命挣钱花钱。有的人十分看重别人尤其上司对自己的评价，谨小慎微地为这种批评而活着。由于他们不曾认真地想过自己的人生使命究竟是什么，在责任问题上也就必然是盲目的了。

所以，我们活在世上，必须知道自己究竟想要什么。

一个人认清了他在这世界上要做的事情，他就会获得一种内在的平静和充实。他知道自己的责任之所在，因而关于责任的种种虚假观念都不能使他动摇了。我还相信，如果一个人能对自己的人生负责，那么，在包括婚姻和家庭在内的一切社会关系上，他对自己的行为都会有一种负责的态度。如果一个社会是由这样对自己的人生负责的成员组成的，这个社会就必定是高质量的有效率的社会。

自爱与自尊

自爱者才能爱人，富裕者才能馈赠。给人以生命欢乐的人，必是自己充满着生命欢乐的人。一个不爱自己的人，既不会是一个可爱的人，也不可能真正爱别人。

如果说爱是一门艺术，那么，恰如其分的自爱便是一种素质，唯有具备这种素质的人才能成为爱的艺术家。人生在世，不能没有朋友。在所有朋友中，不能缺了最重要的一个，那就是自己。缺了这个朋友，一个人即使朋友遍天下，也只是表面的热闹而已。

能否和自己做朋友，关键在于有没有一个更高的自我，这个自我以理性的态度关爱着那个在世上奋斗的自我。有的人不爱自己，一味自怨，仿佛自己的仇人。有的人爱自己而没有理性，一味自恋，俨然自己的情人。在这两种场合，更高的自我都是缺席的。

我曾和一个五岁男孩谈话，告诉他，我会变魔术，能把一个人变成一只苍蝇。他听了十分惊奇，问我能不能把他变成苍蝇，我说能。他陷入了沉思，然后问我，变成苍蝇后还能不能变回来，我说不能，他决定不让我变了。我也一样，想变成任何一种人，体验任何一种生活，包括国王、财阀、圣徒、僧侣、强盗、妓女等，甚至也愿意变成一只苍蝇，但前提是能够变回我自己。归根到底，我更愿意是我自己。

如同肉体的痛苦一样，精神的痛苦也是无法分担的。别人的关爱至多只能转移你对痛苦的注意力，却不能改变痛苦的实质。甚至在一场共同承受的苦难中，每人也必须独自承担自己的那一份痛苦。

一个我们不得不忍受的别人的罪恶仿佛是命运，一个我们不得不忍受的别人的痛苦却几乎是罪恶。当你遭受巨大痛苦时，你要自爱，懂得自己忍受，尽量不用你的痛苦去搅扰别人。失败者的自尊在于不接受施舍，成功者的自尊在于不以施主自居。

学会感恩

1 善良和感恩

如果你是一个善良的人，你得到了别人的善意对待和帮助，心中会产生一种自然的情感，这种情感就叫感恩。

当然，前提是你是一个善良的人。善良，就是有同情心。你必须有同情心，才会有感恩心。你对别人怀有善意，乐于助人，才会懂得别人对你的善意，感激别人对你的帮助。其实，感恩心和同情心是同一颗心，感恩和同情是善良的两面。

冷漠者不知感恩为何物。一个不肯向别人伸出援助之手的人，倘若别人向他伸出援助之手，他的本能反应是猜疑，而不是感恩。如果他尚能被感化，因此知恩向善，则证明他善根尚存。能否知恩是检验善根是否尚存的试金石。所以，佛经里说：知恩者不坏善根，不知恩者善根断灭。

2 为生命感恩

我们得到珍贵的礼物，心中会对那赠予者怀有感激之情。然而，在我们得到的一切礼物中，还有什么比生命更珍贵的礼物呢？

所以，我们感恩父母，因为凭借他们，我们才得到了这一世的生命。中国传统伦理强调孝，提倡尊亲，其合理内核就是感恩生命的来源。

然而，单凭父母的血肉之躯，我们是不能得到生命的。生命传承，世代相续，那最初的源头在哪里，那神秘的主宰是什么？各民族的神话和宗教都告诉我们，生命有神圣的来源，它被称作天地、神、上帝、造物主。对于生命的这个神圣来源的感恩，就叫作信仰。

在一切感恩中，为生命感恩是最根本的感恩。在这种大感恩的照耀下，生命的总色调是明亮的，使我们能够超越具体的得失恩怨，在任何遭遇中保持感恩之心。

3 为爱感恩

如果说生命是最珍贵的礼物，那么，在生命的经历中，爱是最珍贵的礼物。

爱情，亲情，友情，是生命中的无价之宝，你要珍惜。珍惜生命中的爱，常怀为爱感恩之心，幸福就在你的心中。

你得到了爱，你要感恩。你给出的爱被接受了，你也要感恩。在爱中，给出本身就是得到，接受本身就是回赠。

爱是不可量化的，只要是真诚的，就不存在多少的问题。曾经相爱就是恩，你不可为爱的离去而怨恨。如果你确实看清了那不是爱，而是欺骗，也不要怨，而应该蔑视。

4 包容和感恩

生命中必然有逆境、灾祸、苦难，如果你真正感恩生命，就会包容这些负面的遭遇。在某种意义上，它们也是生命给你的礼物，是促使你体悟人生的宝贵机遇。

如同在道德的层面上，感恩心与同情心不可分割，在智慧的层面上，感恩心与包容心也不可分割。一个没有包容心的人，他的心是狭窄的，并且长满了怨和嗔的杂草，感恩心就没有了生长的空间。

我们感恩，是用心感恩。一个人必须有健康的心，才能感恩。心第一要善，有同情心，第二要宽，有包容心，兼具此二者，就是健康的心。

5 报恩

感恩是知行的统一，既要知恩，也要报恩。报恩不是只报恩主，倘若那样，实质上仍是交易。知生命之大恩的人，用一生的行为来报这个大恩。

人是有性灵的生命，生而为人，是造化的大恩。为报这个大恩，就要活出你的性灵，拥有自由的头脑、丰富的心灵、高贵的灵魂，无愧为人。做人猥琐，自甘平庸乃至堕落，是最大的忘恩负义。

如果你在人世获得了成功，不论是凭借能力还是运气，说到底都是上天所赐。所以，你要把这个成功看作一种责任，用它来造福众生，回报社会。

坚持做有梦的人

天造万物，只把人造得有一个内在的精神世界，有理性、情感和道德。在这个意义上，人是万物之灵。我们要照料好自己的灵魂，让它配得上造化的厚爱。作为肉身的人，人并无高低贵贱之分。唯有作为灵魂的人，由于内心世界的巨大差异，人才分出了高贵和平庸，乃至高贵和卑鄙。

那么，请允许我说：灵魂的真理是——高贵。我们也许不能探知灵魂的神圣来源，但是，由自己心中的道德律和羞耻心，由内心对真善美的向往和对假恶丑的厌弃，我们都可体会到灵魂是人的尊严之所在，是人身上的神性。平庸和卑鄙，是对灵魂的真理的背离。平庸是灵魂没有醒来，卑鄙是灵魂已经死去，二者都辱没了人身上的神性。

少年人爱做梦，这正是你们的优点。对于不同的人，世界呈现不同的面貌。一个有梦的人和一个没有梦的人，事实上生活在不同的世界里。急功近利的社会正在制造出许多平庸的人，你们不要被这个环境同化。坚持做有梦的人，梦能成真，即使不能，也可丰富你们的心灵。

人生中有顺境也有逆境，有幸福也有苦难。哲学的智慧能帮助你站在高处，俯视自己的身外遭遇，顺境不骄，逆境不悲。创造幸福和承受苦难是同一种能力，在这种能力中有高贵在言说。

我们的社会重视德育，但德育必须抓住道德的根本。道德在人性中有基础：人作为生命要有同情心，自爱也关爱他人；作为灵魂要有尊严，自尊也尊重他人。假大空的说教与道德无干，只是用来骗己骗人的纸花，你们的道德要诚实地扎根于人性，结出善良、高贵的品质之果实。

信仰是内心的光，照亮了一个人的人生之路。信仰的形式可以不同，实质都是把灵魂看得比肉身更重要。人生在世，必须有一个精神目标，愿你们按照自己的方式找到这个目标。如果没有找到，也不必灰心，因为坚持寻找本身即已证明了目标的存在。

艺术和哲学，道德和信仰，其实是在用不同的语言、从不同的角度说同一句话，就是：你要有一个高贵的灵魂。

人的高贵在于灵魂

法国思想家帕斯卡尔有一句名言："人是一支有思想的芦苇。"他的意思是说，人的生命像芦苇一样脆弱，宇宙间任何东西都能置人于死地，可是，即使如此，人依然比宇宙间任何东西高贵得多，因为人有一颗能思想的灵魂。我们当然不能否认肉身生活的必要，但是，人的高贵却在于他有灵魂生活。作为肉身的人，人并无高低贵贱之分。唯有作为灵魂的人，由于内心世界的巨大差异，人才分出了高贵和平庸，乃至高贵和卑鄙。

两千多年前，罗马军队攻进了希腊的一座城市，他们发现一个老人正蹲在沙地上专心研究一个图形。他就是古代最著名的物理学家阿基米德。他很快便死在了军队的剑下，当剑朝他劈来时，他只说了一句话："不要踩坏我的圆！"在他看来，他画在地上的那个图形是比他的生命更加宝贵的。更早的时候，征服了欧亚大陆的亚历山大大帝视察希腊的另一座城市，遇到正躺在地上晒太阳的哲学家第欧根尼，便问他："我能替你做些什么?"得到的回答是："不要挡住我的阳光!"在他看来，面对他在阳光下的沉思，亚历山大大帝的赫赫战功显得无足轻重，这两则传为千古美谈的小故事表明了古希腊优秀人物对于灵魂生活的珍爱，他们爱思想胜于爱一切包括自己的生命，把灵魂生活看得比任何外在的事物包括显赫的权势更加高贵。

珍惜内在的精神财富甚于外在的物质财富，这是古往今来一切贤哲的共同特点。英国作家王尔德到美国旅行，入境时，海关官员问他有什么东西要报关，他回答："除了我的才华，什么也没有。"使他引以自豪的是，他没有什么值钱的东西，但他拥有不能用钱来估量的艺术才华。正是这位骄傲的作家在他的一部作品中告诉我们："世间再没有比人的灵魂更宝贵的东西，任何东西都不能跟它相比。"

其实，无须举这些名人的事例，我们不妨稍微留心观察周围的现象。我常常发现，在平庸的背景下，哪怕是一点不起眼的灵魂生活的迹象，也会闪放出一种很动人的光彩。

有一回，我乘车旅行。列车飞驰，车厢里闹哄哄的，旅客们在聊天、打牌、吃零食。一个少女躲在车厢的一角，全神贯注地读着一本书。她读得那么专心，还不时地往随身携带的一个小本子上记些什么，好像完全没有听见周围嘈杂的人声。望着她仿佛沐浴在一片光辉中的安静的侧影，我心中充满感动，想起了自己的少年时代，那时候我也和她一样，不管置身于多么混乱的环境，只要拿起一本好书，就会忘记一切。如今我自己已经是一个作家，出过好几本书了，可是我却羡慕这个埋头读书的少女，无限缅怀已经远逝的有着同样纯正追求的我的青春岁月。

每当北京举办世界名画展览时，便有许多默默无闻的青年画家节衣缩食，自筹旅费，从全国各地风尘仆仆来到首都，在名画前流连忘返。我站在展厅里，望着这一张张热忱仰望的年轻的面孔，心中也会充满感动。我对自己说：有着纯正追求的青春岁月的确是人生最美好的岁月。

若干年过去了，我还会常常不由自主地想起列车上那个少女和展厅里的那些青年，揣摩他们现在怎样了。据我观察，人在年轻时多半是富于理想的，随着年龄增长就容易变得越来越实际。由于生存斗争的压力和物质利益的诱惑，大家都把眼光和精力投向外部世界，不再关注自己的内心世界。其结果是灵魂日益萎缩和空虚，只剩下了一个在世界上忙碌不止的躯体。对于一个人来说，没有比这更可悲的事情了。我暗暗祝愿他们仍然保持着纯正的追求，没有走上这条可悲的路。